Heike Kügler-Anger

Vegetarisch kochen – französisch

Heike Kügler-Anger

Vegetarisch kochen – französisch

À mon compagnon de longue date

Inhalt

Reisen und vegetarisch schlemmen

Seit gut 20 Jahren reisen mein Mann und ich mit Wohnwagen und Hund nach Frankreich. In dieser Zeit haben wir das Nachbarland von Nord nach Süd und von Ost nach West durchquert, haben viel Bekanntes und manches noch relativ Unbekanntes entdeckt und eine Menge über Land und Leute gelernt. Vertieft wurden diese Eindrücke dadurch, dass wir über einen Zeitraum von fünf Jahren in Sasbach am Rhein leben durften und dort das Nachbarland täglich vor Augen hatten. In manchen Jahren machten wir eine Pause, um andere Länder zu bereisen und andere Eindrücke zu gewinnen, doch wir kehren immer wieder gern in unser Lieblingsreiseland zurück.

Ein Grund dafür ist mit Sicherheit die Qualität und die Vielfalt der französischen Küche. In kaum einem anderen europäischen Land lässt es sich mit solchem Genuss und solcher Hingabe schlemmen. Dazu muss man nicht unbedingt ein mit Michelin-Sternen ausgezeichnetes und dementsprechend teures Restaurant aufsuchen, sondern man wird meistens gleich um die Ecke, in einer Bäckerei oder auf dem lokalen Wochenmarkt fündig. Die dort angebotenen Produkte sind in der Regel von ausgezeichneter Qualität und machen das eigene Kochen und Experimentieren auch oder gerade im Urlaub zum reinen Vergnügen. Die Rezepte, die ich von unseren Reisen mitgebracht habe, möchte ich Ihnen in diesem Buch vorstellen. Manche ließen sich ohne Probleme in der Wohnwagenküche realisieren, manche habe ich zu Hause, am heimischen Herd verfeinert. Für alle gilt jedoch, dass man kein Profikoch à la *Bocuse* oder *Ducasse* sein muss, um sie nachzukochen. Es geht hier nicht um diffizile *nouvelle cuisine*, sondern um gute, französische »Hausmannskost«, wie man sie vom Elsass bis zu den Pyrenäen, von der Côte d'Azur bis zur Atlantikküste findet.

Mit diesem Buch möchte ich Ihnen Appetit auf Frankreich machen. Ich lade Sie ein, durch die verschiedenen Regionen unseres Nachbarlandes zu streifen und sich mit den lokalen Gegebenheiten von Küche und Lebensart bekannt zu machen. Dabei werden Sie feststellen, dass Schlemmen in Frankreich und die vegetarische Küche kein Widerspruch an sich sein müssen. Gerade die französische Landhausküche beherbergt einen ganzen Schatz von vegetarischen Rezepten. Schon jetzt wünsche ich Ihnen viel Spaß, gutes Gelingen und *Bon Appétit!*

8

Tour de France culinaire
Eine Reise durch die kulinarischen Regionen Frankreichs

Entdecken Sie Frankreich von seinen köstlichsten Seiten! Egal für welche Region Sie sich entscheiden, Sie werden traumhafte Landschaften und kulinarische Genüsse kennen und schätzen lernen. Zur Einstimmung auf die zu erwartenden Gaumenfreuden möchte ich Ihnen einige reizvolle Gegenden, vegetarische Spezialitäten und edle Weine vorstellen.

Aquitanien

Aquitanien wird oft mit der Region seines Verwaltungssitzes *Bordeaux* gleichgesetzt. Dabei stammt der Name dieser nicht nur geographisch sehr unterschiedlichen Region aus dem Lateinischen und bedeutet »das Land des Wassers« und nicht des Weines – obwohl unumstritten ist, dass in der *Gironde*, einem der fünf Departements, die das Gebiet Aquitanien ausmachen, die besten Weine dieser Welt angebaut werden. Fast eine Milliarde Flaschen werden in *Bordeaux* jährlich produziert, wovon ein Großteil für den Export bestimmt ist. Manche dieser Flaschen bieten gut ausgebaute Alltagsweine, andere vollenden die Festtafel und einige von ihnen erlangen Kultstatus. Zu den ersten Gewächsen, den *Premier Cru*, gehören so klangvolle Namen wie *Château Lafite Rothschild*, *Château Margaux* oder *Château Mouton Rothschild*. Weinliebhaber mit einem nicht ganz so üppigen Konto sind mit einem *Bordeaux supérieur* gut bedient, bei dem nicht nur das Bukett, sondern auch das Preis-Leistungs-Verhältnis stimmt.

Die Region, die diese Weine hervorbringt, ist vom touristischen Standpunkt aus gesehen jedoch relativ unscheinbar. Wenn man von den prachtvollen *Châteaux*, den Weinbaubetrieben mit Schlossambiente, und den mit Rosenstöcken gesäumten Rebbergen absieht, geizt das *Bordelais* mit landschaftlichen Reizen. Platt wie eine Atlantikseezunge liegt es da. Die versprengten Dörfer tragen zwar einen großen Namen, verbreiten aber nur einen spröden Charme. Wer Naturschönheiten und weniger einen guten Tropfen sucht, kommt hier nicht unbedingt auf seine Kosten.

Fährt man jedoch nur wenige Kilometer weiter westlich, eröffnet sich einem ein ganz anderes Bild: Von der *Pointe de Grave* an der Mündung der *Gironde* bis nach *Biarritz* zieht sich über 230 Kilometer ein schnurgerader, mit feinem, silbrig glänzenden Sand bedeckter Badestrand entlang, der der

Côte d'Argent, der Silberküste, ihren Namen gibt. Aufgelockert wird diese Küstenlandschaft durch mehrere Süßwasserseen und das von Ornithologen und Austernliebhabern gleichermaßen geschätzte Bassin von *Arcachon*. Am Ausgang des Bassins liegt die Düne von *Pilat*, die mit 114 Metern Höhe höchste Düne Europas. Südlich von *Arcachon* beginnt die Region der *Landes*, in der Dünenstreifen und Badeseen sich bis zum Baskenland fortsetzen. Das ehemalige Sumpfgebiet umfasst heute, nach den Aufforstungen ab dem 18. Jahrhundert, das größte zusammenhängende Waldgebiet Frankreichs, die *Fôrets des Landes*. In diesen ausgedehnten Kiefernwäldern wachsen Wildpilze jeder Art, die in der Saison zu schmackhaften Pilzgerichten verarbeitet werden. Auf den sich den Waldgebieten anschließenden Agrarböden werden Mais, Weizen, Sonnenblumen, Gerste, Soja, Raps und Frühkartoffeln angebaut. Aber auch Karotten, Tomaten und Spargel sowie Kiwi, Pfirsiche und Melonen wachsen auf den etwas sandigen, aber von einem ganzjährig milden Klima verwöhnten Böden. Die Küche ist geprägt von der Nähe zum Meer; insbesondere frische Austern und Meeresfrüchte finden häufig Verwendung. Als Beilage werden gern kleine weiße Bohnen mit Knoblauch und viel Butter und Sahne gereicht. Den erntefrischen Spargel genießt man mit Crème fraîche und würzigem Käse angereichert als Spargelgratin (siehe Seite 176). Im Winter gibt es deftige Kohlgerichte und gehaltvolle Suppen, die über die Regentage hinwegtrösten. Die Desserts sind so, wie die Waldarbeiter sie vor gut hundert Jahren verdient haben – süß, gehaltvoll und sättigend. Wer etwas mehr auf die schlanke Linie achten möchte, ist mit erfrischendem Melonen-Halbgefrorenem, das mit einem Schuss Dessertwein aus dem etwas weiter nördlich gelegenen Departement *Charente* verfeinert wird, gleichermaßen gut bedient (siehe Seite 220).

Wendet man sich wieder Richtung Westen und überquert unterhalb von *Bordeaux* die *Garonne,* so befindet man sich »Zwischen-zwei-Meeren«. In diesem vom Weinanbau geprägten Gebiet stößt man unerwartet auf ein Paradies für Liebhaber von (fast) vergessenen Obst- und Gemüsesorten. In dem kleinen Ort *Sadirac* baut *Bernard Lafon* etwa 300 in Vergessenheit geratene Köstlichkeiten wie Engelswurz, Martinsec-Birne, Schwarzer Holunder, Melonenkürbisse, Knollenziest und Koloquinthe an. Die *Légumes oubliés* werden frisch vom Beet oder als Konserven verkauft. Und zu mancher dieser ungewöhnlichen Köstlichkeiten schmeckt ein Glas von dem dort angebauten trocken-fruchtigen Weißwein ganz vorzüglich.

Der nordöstliche Teil von Aquitanien ist ein Mosaik von Eindrücken und Landschaften. Die *Dordogne*, die dem Departement seinen Namen gibt, windet sich in Schleifen durch steil abfallende Kalkfelsen und bizarr ausgeformte Klippen oder fließt träge durch liebliche Hügellandschaften. An die Flussufer schmiegen sich kleine Dörfer mit Häusern aus ockerfarbenem Stein, die über die Jahrhunderte wenig von ihrer Ursprünglichkeit eingebüßt haben. Auf den Klippen thronen Burgen, Schlösser und Herrensitze, und wer sich aufmacht, sie zu besichtigen, hat leicht die Qual der Wahl: Mehr als 1.000 verteilen sich im ganzen Departement. Dazu kommen nochmals mehr als 200 prähistorische Höhlen und Grotten, unter ihnen die berühmte Höhle von *Lascaux*, in der mehr als 1.500 Tierzeichnungen die Urzeit wieder aufleben lassen.

Für den amerikanischen Schriftsteller Henry Miller kam das *Périgord* einem kleinen Paradies gleich, wohl auch wegen seiner abwechslungsreichen und kulinarisch üppigen Küche. In den ausgedehnten Wäldern reifen Steinpilze, Pfifferlinge, Walnüsse und Maronen heran. Letztere werden entweder zu Mehl vermahlen und zu Kuchen oder Brot verbacken, oder sie bereichern als Frucht Suppen, Eintöpfe und Aufläufe wie z. B. die Maronencremesuppe mit Nusscroûtons (siehe Seite 112) und das Maronen-Pflaumen-Gratin (siehe Seite 164). Aus den Walnüssen wird hochwertiges Öl gepresst oder sie werden zu Likör verarbeitet. Gemahlen finden sie sich in unzähligen Desserts wieder. Dem mit Semmelbröseln und Cognac oder Armagnac angerührten Walnusskuchen aus dem *Périgord* verleihen sie ein feines, nussiges Aroma (siehe Seite 227).

Durch die weitläufigen Wälder streifen Ziegen, deren Milch zu kleinen, flachen Scheibchen des *Cabécou du Périgord* verarbeitet werden. Auf Nussbrot, in der Pfanne oder unter dem Grill erwärmt und als geschmolzener Ziegenkäse serviert, wird er mit einem Glas Rotwein aus dem Weinbaugebiet von *Bergerac* zu einem unvergesslichen Geschmackserlebnis.

In den Tälern der Flusslandschaften werden Äpfel, Birnen, Pflaumen sowie Johannis-, Blau- und Erdbeeren angebaut. Außerdem werden Honig und Apfelwein produziert.

Im Spätherbst zieht es Feinschmecker vor allem wegen der schwarzen Trüffel *(Truffes)* ins *Périgord*. Diese Delikatesse, für die Liebhaber bis zu 1.500 Euro pro Kilo bezahlen, wird vorwiegend im *Périgord Noir*, im wegen der dunklen Eichenwälder so benannten »schwarzen« *Périgord*, geerntet.

Hier haben die knollenartigen und bevorzugt unterirdisch an Eichen oder Pappeln heranwachsenden Pilze ideale Bedingungen, so dass die größten unter ihnen bis zu ein Kilogramm auf die Waage bringen können. Trüffelzeit ist von Oktober bis Januar. Zum Aufspüren der Trüffel werden speziell abgerichtete Hunde verwendet, die die wesentlich schwerfälligeren, schwer erziehbaren und schwer lenkbaren Trüffelschweine ersetzt haben. Trüffelliebhaber müssen für den Genuss des Knollenpilzes jedoch nicht ihr gesamtes Sparschwein plündern. Mit nur ein paar Gramm schwarzem Trüffel bestreut werden sogar ein einfaches Rührei, Bratkartoffeln oder eine Omelette mit Kartoffeln und Zwiebeln zur Delikatesse.

Im Süden grenzt Aquitanien an die westlichen Ausläufer der Pyrenäen, die die Grenze zu Spanien bilden. Das Baskenland lässt die Ländergrenze jedoch unbeachtet und vereint drei französische und vier spanisch-baskische Provinzen. Die baskische Küche macht deutliche Anleihen in Spanien und ist entsprechend gut gewürzt und gepfeffert. Viele regionale Spezialitäten tragen Namen in *Euskara*, der baskischen Sprache. So ist *Ttorro* das baskische Gegenstück zur *Bouillabaisse* aus *Marseille*. Wie im Südosten wird im Baskenland reichlich Knoblauch und Olivenöl verwendet, in den Pyrenäen wird dagegen Butter oder Schmalz bevorzugt.

Die Stadt *Espelette* im baskischen Hinterland ist zum Hauptanbaugebiet der kleinen, roten Paprikaschoten avanciert. Diese werden nach der Ernte auf lange Ketten aufgefädelt, getrocknet und zerrieben. Für die *Piperade*, die Omelette auf baskische Art, sind sie eine unverzichtbare Zutat (siehe Seite 180).

Unter den zahlreichen in kleinen Käsereien produzierten Ziegen- und Schafskäsen des Baskenlandes ist der aus reiner Schafsmilch hergestellte *Orau Iraty* der berühmteste Vertreter.

Bretagne
Die Bretagne ist ein Landstrich der Gegensätze. Im Landesinneren plätschern friedliche Flüsschen zwischen Hecken und Wiesen daher. In verschlafenen Dörfern mit hoch aufragenden Kirchtürmen scheint die Zeit stehen geblieben zu sein. Und in dem mächtigen, geheimnisvollen Wald von *Paimpont* spürt man den Geist von König Artus, dem Zauberer Merlin, der Fee Morgane und den Rittern der Tafelrunde noch an jeder nebelverhangenen Wegbiegung.

Ihre eigentliche Berühmtheit verdankt die Bretagne jedoch der einzigartigen Vielfalt ihrer 2.500 Kilometer langen Küste. Kaum ein Landstrich in Europa ist deutlicher vom Meer gekennzeichnet als die Küste der Bretagne. Steile, zerklüftete und sturmgepeitschte Klippen, die sich mit engen, feinsandigen Buchten und bizarren Felsformationen abwechseln, dominieren das Bild im Norden und Nordwesten. Der flachere und klimatisch mildere Süden lockt mit langen Sandstränden, pittoresken Künstlerstädtchen und geheimnisvollen Steinalleen. Im südlichsten Zipfel der Bretagne, an der *Loiremündung* bei *Nantes,* wird der leicht herbe, spritzige *Muscadet* angebaut; ein Weißwein, der zu Fisch- und Gemüsegerichten aus der Region serviert wird. Auf der Halbinsel *Guérande* wird in den schon von den Römern betriebenen *Marais Salants,* den Salzgärten, wertvolles Meersalz in Handarbeit gewonnen.

Die Küche der Bretagne ist so abwechslungsreich und vielschichtig wie die Landschaft, durch die sie geprägt wird. Fisch und Meeresfrüchte werden in großer Auswahl und von kaum zu überbietender Frische auf allen Märkten und in den Restaurants angeboten.

Dennoch darf nicht vergessen werden, dass die Bretagne die Region Frankreichs ist, in der das meiste Gemüse des Landes angebaut wird. Neben (Früh-)Kartoffeln, Zwiebeln, Knoblauch, grünen Bohnen und Blumenkohl gedeihen vor allem Artischocken in dem milden, vom Golfstrom beeinflussten Klima. Die dicken, fleischigen Camus-Artischocken, die unter Kennern auch als »Stupsnase« betitelt werden, sind in Kombination mit einer fruchtig-pikanten Vinaigrette eine beliebte kalte Vorspeise (siehe Seite 64).

Aus *Plougastel* stammen süß-saftige Erdbeeren, die schon am Hof von *Versailles* geschätzt wurden. Mit der *Fête des Fraises* wird diese fruchtige Köstlichkeit jedes Jahr im Juni gefeiert. Als Konfitüre und als Erdbeerlikör schmecken sie auch außerhalb der Erntezeit.

Die *Crêpes* aus hellem Weizenmehl oder die *Galettes* aus dunklem Buchweizenmehl sind das bretonische Nationalgericht schlechthin. Ja, manche Bretonen behaupten sogar, dass der Pfannkuchen in der Bretagne erfunden worden ist. Dennoch ist in der Bretagne Pfannkuchen nicht gleich Pfannkuchen: Die süßlichen *Crêpes* werden immer mit einer süßlichen Füllung wie zum Beispiel mit Erdbeeren und Mandeln (siehe Seite 208) serviert, die etwas salzigen *Galettes* dagegen mit einer herzhaften Einlage. Letztere erweisen sich als sehr sättigend, so dass ein Buchweizenpfannkuchen mit Champignonfüllung durchaus das Mittagessen ersetzen kann (siehe Seite 177).

Der Nachtisch fällt in der Bretagne ebenso üppig aus. Milch, Butter, Eier und Mehl werden zum *Gateaux breton*, einem flachen Biskuitkuchen, oder zu dem mit Backpflaumen gefüllten *Far Breton* (siehe Seite 206) verrührt. Mit reichlich guter Fassbutter versehen sind auch die *Galettes* oder *Palets*, die im Künstlerstädtchen *Pont-Aven* gebacken werden und krümelig süß auf der Zunge zergehen. Freunde von Karamellbonbons kommen mit dem *Caramel au beurre salé* auf ihre Kosten, das durch die Verwendung von Salzbutter nicht ganz so süß ausfällt.

Als Getränke reicht man in der Bretagne Bier oder Cidre. Böse, nicht bretonische Zungen behaupten allerdings, dass der normannische Cidre dem der Bretagne überlegen ist …

Burgund

Manch ein Kritiker aus der Hauptstadt Paris wirft den Bewohnern des ehemals mächtigen Herzogtums Burgund vor, ihr Leben ziehe sich träge und gemächlich dahin wie die Schnecken, die in den Weinbergen des Burgund reichlich zu finden sind. Etwas wohlmeinendere Zeitgenossen beneiden die Burgunder um den ländlich-beschaulichen Lebensstil, den sie scheinbar auch ins 21. Jahrhundert unbeschadet hinüberretten konnten. Weinliebhaber bangen, dass die grelle, schnelle Moderne mit ihren Bastionen an Edelstahltanks und vollmechanischen Erntemaschinen in das Burgund einziehen könnte. Denn im Burgund wird, vielleicht gerade wegen der gemächlichen Beharrlichkeit seiner Bewohner, einer der besten Weine in Frankreich angebaut. Dabei fügen sich die Weinberge Burgunds eher unauffällig in die abwechslungsreiche Hügellandschaft. Unterschiedliche Bodenarten, von Kalk, Mergel, Kreide über Kies, Ton oder Sand, sorgen für verschiedene Weine mit verschiedenen Qualitäten. Die Spanne reicht von einfachen, aber gut ausgebauten Tischweinen bis zu vollmundigen Rotwein-Aristokraten, den *Grand Crus* von den Hängen des Dörfchens *Vosne-Romanée*. Doch auch die Liebhaber von hochwertigen Weißweinen kommen im südlichen Teil der *Côte de Beaune* auf ihre Kosten.

Wen wundert es da, dass der Tafelspruch aus dem Burgund »*Bon appétit et large soif*«, also »Guten Appetit und breiten Durst« lautet. Denn gut zu essen und gut zu trinken gehört im Burgund einfach zusammen – und das nicht erst seit heute. Von einem Gelage, das Herzog Philipp der Gute im Jahre 1454 gegeben hat, wird berichtet, dass jede Speise, ob Huhn, Fasan, Rebhuhn, Pfau, Rind, Reh, Hirsch, Wildschwein, Aal, Hecht oder Karpfen, in sage und schreibe 48 verschiedenen Zubereitungen aufgetafelt wurde. In mindestens einer dieser Zubereitungsformen war mit Sicherheit auch ein gutes Schlückchen Rotwein enthalten. Im Burgund zu kochen bedeutet all das, was die heimische Scholle zu bieten hat, in einer sowohl boden- ständigen als auch raffinierten Kombination zu vereinen – den Rotwein inklusive. Bestes Beispiel dafür ist das legendäre *Bœuf bourguignonne*, der Rindfleischtopf mit Speck, Champignons, Karotten und viel Rotwein. Eine Flasche in die Sauce, zwei auf den Tisch lautet hier die Devise. Wer tier- freundlicher vorgehen möchte, ersetzt das Fleisch durch Tofu, so dass mit dem geschmorten Tofu in Rotweinsauce auch Vegetarier und Tofufreunde voll auf ihre Kosten kommen (siehe Seite 142). Wer gar nicht genug von der Lebensart *à la bourguignonne* bekommen kann, serviert gleich noch weiße Bohnen in Rotweinsauce dazu (siehe Seite 194).

Bevor man jedoch in so viel Rotwein schwelgt, sollte man sich mit ei- nem vegetarischen »Schneckenpfännchen« mit Kräuterbutter eine solide Grundlage schaffen. Hierbei werden schmackhafte Seitlinge mit der be- rühmten Butterspezialität aus dem Burgund gratiniert, ohne dass einer ein- zigen Schnecke ein »Häuschen« gekrümmt werden muss (siehe Seite 94).

Als Abschluss bietet sich ein Stückchen Käse an. Denn Käse ist neben dem Wein ein Thema im Burgund, das mit 27 heimischen Käsesorten auf- trumpfen kann. Unter ihnen der berühmte *Époisses*, ein Weichkäse mit Rot- kultur, dessen unvergleichlicher Geschmack vom kontinuierlichen Einstrei- chen mit heimischem Tresterbranntwein *(Marc de Bourgogne)* herrührt.

Eine Spezialität aus der Hauptstadt des Burgund ist der *Moutarde de Di- jon*, der Senf aus *Dijon*. Seit 1937 garantiert ein Gütesiegel die spezielle Re- zeptur, bei der milde Gelbsenfsaat mit kräftiger Braunsenfsaat sowie Trau- benmost *(verjus)*, Kochsalz und Gewürzen vermischt wird und dem Senf seine pikante Schärfe verleiht. Etwas milder wird der *Moutarde à l'ancienne*, der Senf nach altfranzösischer Art, angerührt, der unter anderem der To- maten-Senf-Tarte die typische Geschmacksnote verleiht (siehe Seite 91).

Ebenfalls aus Dijon stammt die *Crème de Cassis*, ein fruchtiger Johan- nisbeerlikör, den man mit einem trockenen, weißen *Aligoté* gemischt als »Kir« zum Aperitif reicht.

Bei so viel Hingabe zum roten Rebensaft kann man es im Burgund als Selbstverständlichkeit erachten, dass auch bei den Nachspeisen der Rotwein in Strömen fließt. Die Birnen nach Winzerart *(Poires à la vigneronne)* werden in einer ganzen Flasche Rotwein zusammen mit Zucker, Vanille und Zimt »gebadet«. Die »Schöne Birne aus Dijon« *(la poire Belle Dijonnaise)* wird dagegen mit Johannisbeersorbet verfeinert.

Seit dem 17. Jahrhundert wird in *Dijon* das *Pain d'épice*, ein gewürzter Honiglebkuchen, hergestellt, der noch immer bei den Dijoner Kindern sehr beliebt ist und gern, mit einer ordentlichen Portion Butter bestrichen, zum Frühstück gegessen wird.

Elsass

Das Elsass ist die französische Provinz, die den Deutschen nicht nur geographisch gesehen am nächsten ist. Ein kleiner Sprung von Rheinland-Pfalz oder Baden-Württemberg über den Rhein genügt und schon ist man in Frankreich. Dabei erlebt man eine ausländische Umgebung, ohne gleich mit massiven Verständigungsschwierigkeiten rechnen zu müssen. Man kann sich vollends der Kultur und dem Genuss widmen, denn das Elsass hat auf etwa 180 Kilometern von *Wissembourg* im Norden bis zur Schweizer Grenze im Süden viel für Augen und Magen zu bieten. In der Ebene finden sich schmucke Dörfer mit verwinkelten Gassen, Fachwerkhäusern und üppigem Blumenschmuck vor den Fenstern und in den Gärten. Kleine Bäche plätschern friedlich durch Wiesen und Auen, über denen Meister Adebar, der elsässische Wappenvogel, seine Runden dreht. Die Nester der Störche auf Hausdächern oder Kirchtürmen werden von den Touristen bestaunt und von den Einheimischen als Glücksbringer betrachtet. In den von der Ebene sanft ansteigenden Weinbergen werden vor allem aromatische Weißweine wie Riesling, Edelzwicker, Sylvaner, Gewürztraminer und *Pinot gris* (Grauburgunder) angebaut. In den Wochen der Weinlese ist es immer wieder ein besonderes Erlebnis, die sich von Norden nach Süden durch die Hügellandschaft schlängelnde *Route du Vin*, die Weinstraße, entlangzufahren (am besten mit dem Fahrrad!) und sich die eine oder andere Kostprobe zu genehmigen.

In einem klassischen Weinbaugebiet wie dem Elsass ist es somit auch eine kulinarische Ehrensache, dass das Rebengold zum Bestandteil vieler regionaler Speisen gemacht wird.

Hähnchen, Schnecken, Fasan und Fisch werden im Elsass gern mit Riesling zubereitet, aber auch das für die Region typische Sauerkraut *(Choucroute alsacienne)* kann einen guten Schuss davon vertragen. In Kombination mit Bandnudeln und Walnüssen ergibt es als Elsässer Rieslingkraut mit Nudeln eine schmackhafte Herbstmahlzeit (siehe Seite 140).

Als Beilagen werden hier, da macht sich die Nähe zur deutschen Küche bemerkbar, gern Elsässer Eiernudeln *(les Spätzles* oder *Knepfle* oder *Striewla)* oder Kartoffeln gereicht. Die Elsässer Kartoffelklößchen sind eine schmackhafte Beilage zu Pilz- und Kürbisgerichten (siehe Seite 135).

Bei den Tagestouristen sind vor allem der mit frischen Gartenkräutern angemachte Bibbeleskäs (siehe Seite 68) und der Elsässer Flammkuchen (siehe Seite 138) beliebt, der im Herbst mit frischem Federweißen kombiniert wird. Der original elsässische Flammkuchen besteht aus hauchdünn ausgerolltem Brotteig, der mit einem Zwiebel-Rahm-Gemisch bestrichen und mit Speck oder Lauch- bzw. Champignonscheiben überstreut wird. Er wird bei starker Hitze kurz im Holzofen gebacken und kommt auf einem Holzbrett auf den Tisch.

Den krönenden Abschluss einer elsässischen Mahlzeit sollte ein Stück Munsterkäse bilden. Dieser weiche, würzige Rotschmierkäse aus dem *Munstertal* riecht zwar etwas unfein, schmeckt aber dafür umso besser. Vor allem, wenn man ihn mit Tresterbrand flambiert (siehe Seite 90) und mit einem Gläschen Gewürztraminer serviert. Um die Verdauung zu unterstützen, sollte der *Munster* mit einer kleinen Prise Kümmel kombiniert werden.

Wer dann noch Platz für einen süßen Nachtisch hat, kann sich mit dem reichhaltigen Kuchenangebot des Elsass verwöhnen lassen. Je nach Jahreszeit kommen Himbeer-, Apfel- oder Zwetschgentorte auf den Tisch. Ebenso köstlich ist der elsässische Käsekuchen oder der Gugelhupf *(Kougelhopf)*, ein mit Mandeln und Rosinen gespickter Hefekuchen (siehe Seite 212).

Nach all diesen Köstlichkeiten hilft ein *Kirsch* oder *Quetsch*, ein Obstbrand, die Schlemmerparade ohne Schaden zu überstehen.

Ein abschließendes Wort sei an die Vegetarier unter uns gerichtet. Die sollten sich nämlich vor dem auf elsässischen Speisekarten aufgeführten *Salade Mixte* in Acht nehmen. Denn bei dieser elsässischen Spezialität handelt es sich keineswegs um eine Mischung aus verschiedenen Salatsorten. Der *Salade Mixte* besteht aus in Streifen geschnittener Cervelatwurst und Schweizer Käse, die mit einer Vinaigrette angemacht werden.

Languedoc-Roussillon

Der äußerste Südwesten Frankreichs galt lange Zeit als die »Côte d'Azur des kleinen Mannes« oder als Durchreiseland zu den Badeorten der spanischen Costa Brava. Nur wenige ausländische Touristen machten sich auf, die feinsandigen Strände des *Golfe du Lion*, der *Côte Sablonneuse* und den malerischen Küstenabschnitt der *Côte Vermeille* zwischen *Le Racou-Plage* und der spanischen Grenze zu erkunden. Eine Ausnahme bildete die *Camargue*, die dank des ewig währenden Mythos von rosafarbenen Flamingos, weißen Pferden, wilden Stieren und virilen Flamencospielern zwischen April und September unvermindert Besucherströme anzieht. Für das Hinterland der beiden historischen Provinzen, das heißt für die windzersausten Höhenzüge mit kleinen, romantischen Tälern, für die karg anmutenden Rebhänge und grünlich schimmernden Olivenhaine, für die Templerfestungen, Katharerschlösser, für die Trutzburgen sowie romanischen Kirchen und Klöster interessierte sich kaum jemand. Ein Umstand, der in Zeiten der fortschreitenden touristischen Ausbeutung von Natur und nationalem Kulturerbe vielleicht als Glück bezeichnet werden kann. Denn nur so konnte sich die Region, die sich vom *Golfe du Lion* bis zu den östlichen Pyrenäen erstreckt und von den Ausläufern des Zentralmassivs bis zum Mittelmeer reicht, ihre relative Ursprünglichkeit bewahren.

Als Folge dessen trifft man zwischen *Montpellier* und *Perpignan*, zwischen den Cevennen und den Pyrenäen auf eine Vielzahl regionaler kulinarischer Traditionen. Allen von ihnen ist jedoch gemein, dass sie eine bodenständige, unkapriziöse Küche mit Hang zu üppig dimensionierten Portionen bieten. Schließlich war bis ins 20. Jahrhundert die zum größten Teil bäuerlich ausgerichtete Bevölkerung des Languedoc-Roussillon froh, täglich satt zu werden. Was auf dem Teller landete, wurde durch die klimatischen Bedingungen bestimmt. So wird die Region traditionell in eine »Butter«- und in eine »Ölhälfte« geteilt.

Im bergigen Hinterland der Cevennen und der *Causses* sowie der *Montagne Noire* finden Butter und Sahne reichlich Verwendung, während man im *Bas Languedoc*, dort wo die Hügel- und Heidelandschaften auf die flachen Küstenabschnitte zulaufen, Öl bevorzugt. Hier wird mediterran unter der Verwendung von Olivenöl, Tomaten, Paprika, Zwiebeln, Knoblauch und den allgegenwärtigen Kräutern der Provence gekocht. Wer leichte und ein wenig ungewöhnliche Kartoffelgerichte schätzt, kommt mit den

Schmorkartoffeln mit Ziegenfrischkäse-Quark und marinierter Aubergine in Heidekräutersauce, in denen sich alle Aromen des *Bas Languedoc* vereinen, voll auf seine Kosten (siehe Seite 152).

In dem von der Sonne verwöhnten Klima gedeihen jedoch auch Früchte wie Pfirsiche, Kirschen, Aprikosen und Äpfel in bemerkenswerter Fülle. Reife Pfirsiche sind die Grundlage für viele verführerische Desserts der Region und kommen auch im Pfirsichdessert mit karamellisierten Mandeln zu einem auf der Zunge zergehenden Einsatz (siehe Seite 221).

Mit jedem Kilometer in Richtung der spanischen Grenze wird die Nähe zur katalanischen Kochtradition ausgeprägter. Klassiker der katalanischen Küche wie die Paella, die *Crème catalane*, das katalanische Gegenstück zur urfranzösischen *Crème brulée* (siehe Seite 226), sind hier auf der Speisekarte zu finden. Sogar beim Olivenöl wird der Einfluss des Nachbarlandes bemerkbar, da es wesentlich intensiver als das in der Provence produzierte schmeckt und damit deutliche Anleihen an spanisches Olivenöl macht.

Zwischen den Städten *Castelnaudary* und *Carcassonne* im südlichen Languedoc tobt seit Jahren ein erbitterter Glaubensstreit. Jede dieser beiden Städte nimmt für sich in Anspruch, mit dem *Cassoulet* das »Nationalgericht« dieses Landstriches erfunden zu haben. Der ehemals schlichte Bauerneintopf aus weißen Bohnen ist inzwischen durch die Zugabe von Schweinefleisch, Knoblauchwurst, Hammelschulter, Rebhuhn oder auch Gänseconfit sowie mit angeblich bischöflichen Weihen derart verändert worden, dass er mit dem ursprünglichen Gericht nur noch wenig gemein hat. Welcher der beiden Streitparteien man auch Glauben schenken darf – unbestritten bleibt, dass der bunte Bohneneintopf aus dem Languedoc auch ohne Fleischzugabe deliziös ist (siehe Seite 102) und aufgewärmt mindestens doppelt so gut schmeckt.

Käseliebhaber kommen im Languedoc-Roussillon mit dem *Pélardon* und dem *Roquefort* auf ihre Kosten. Der *Pélardon* ist ein kleiner, runder Ziegenkäse mit würzig-pikantem Geschmack, dem inzwischen der A.O.C.-Status (*Appellation d'Origine Controlée*) verliehen wurde. Wesentlich bekannter ist jedoch der *Roquefort,* den nicht nur Karl der Große und Ludwig XIV., sondern auch Casanova zu schätzen wussten. *Roquefort* darf sich nur der Schimmelkäse aus reiner Schafsmilch nennen, der nach alter Tradition in den Grotten von *Cambalou* gereift ist. Etwas milder ist der *Bleu de Causses*, ein Schimmelkäse aus Kuhmilch.

Beide Käsesorten eignen sich vorzüglich zum Verfeinern von Dips und Saucen sowie zum Gratinieren und geben nicht nur der edlen Avocado-Roquefort-Sauce (siehe Seite 119), sondern auch überbackenem Chicorée (siehe Seite 170) eine kräftig-würzige Note.

Lange Jahre waren die Weine aus dem Languedoc-Roussillon trotz der hervorragenden natürlichen Voraussetzungen mehr gefürchtet als geschätzt. Masse statt Klasse hieß bei vielen Winzern die Devise und sie führte dazu, dass der billige und schlecht produzierte Landwein nur noch bei ahnungslosen Touristen und im Export Anklang fand. Dann machte sich Ende der sechziger Jahre eine neue Generation von Winzern, Aussteigern und Individualisten daran, diesen Missstand zu beseitigen. Sie wählten Sorten, die nicht zum traditionellen Rebsatz der Region gehörten, entwickelten neue Techniken und entschieden sich für den naturnahen oder biologischen Anbau. Der Erfolg gibt ihnen Recht, so dass die Weine des Languedoc-Roussillon heutzutage den besten Weinen aus dem *Médoc* und dem *Burgund* das Fürchten beibringen können. Erfreulicherweise sind die Preise im Languedoc-Roussillon jedoch (noch) moderater, so dass Weinliebhaber hier oftmals ihr Paradies finden.

Das Tal der Loire

Mit ihren 1012 Kilometern ist die *Loire* Frankreichs längster Fluss und einer der letzten unverbauten Wasserläufe Europas. Die»Königin der Flüsse« entspringt als munterer Bergbach in den Cevennen und mündet bei *St. Nazaire* in einem 48 Kilometer langen Mündungstrichter in den Atlantik. Das, was gemeinhin als Tal der Loire betitelt wird, beginnt bei *Blois* und setzt sich bis nach *Angers,* der ehemaligen Hauptstadt der Grafschaft *Anjou,* fort. Wie auf einer märchenhaften Perlenkette aufgereiht zieren gut 300 Königsresidenzen, Lust- und Jagdschlösser, Herrensitze und ehemalige Wehrburgen die rechts- und linksseitigen Ufer der *Loire* und ihrer Nebenflüsse. Von dem im Tal vorherrschenden milden Mikroklima, das sowohl strenge Winterfröste als auch sengende Sommerhitze nicht kennt, fühlten sich Könige und Prinzen angezogen. Der französische Adel, aber auch Künstler und Dichter folgten bereitwillig. Den Höhepunkt erreichte die französische Renaissance unter Franz I., der in seiner Regierungszeit (1515 – 1547) das größte und imposanteste aller *Loire-Schlösser,* Schloss *Chambord,* errichten ließ. Mit 440 Räumen, 70 Treppen und 365 Kaminen ist es ein Beispiel herrschaftlicher Gigantomanie und trotz allem oder gerade deswegen einen Besuch wert. Lieblicher, verspielter und ganz und gar ein *Château de Dames*, ein Schloss der Frauen, ist dagegen das am Flüsschen *Cher* gelegene Renaissance-Lustschloss *Chenonceau*. Es trägt die Handschrift der sechs Frauen, die es besaßen und ihm seinen einzigartigen Charakter verliehen haben. In den ausgedehnten Ziergärten lässt es sich auch heute noch gut flanieren. Garten- und Gemüseliebhaber kommen in Schloss *Villandry* auf ihre Kosten. Mehr als 80.000 Gemüsepflanzen werden hier im dekorativen Renaissance-Gemüsegarten nach streng ausgeklügelten Pflanzplänen zweimal jährlich so angeordnet, dass Formen und Farben sich untereinander abwechseln und den Eindruck eines vielfarbigen Schachbretts erwecken. Aus dem angeschlossenen Souvenirladen kann man sich Samen und Tipps für daheim mitnehmen.

Von dem milden, freundlichen Klima profitierten nicht nur Frankreichs Adlige, sondern auch die französischen Gemüseanbauer. Über weite Strecken gleicht das Tal der *Loire* einem überdimensionierten Schrebergarten. Die sandigen Böden der *Touraine* eignen sich hervorragend für den Anbau von Spargel, der teilweise armdick daherkommt und mit einer hausgemachten Béchamelsauce (siehe Seite 120) oder einem pikanten Kräuterdip (siehe Seite 126) doppelt so gut schmeckt.

Aber auch Artischocken, Erbsen, Karotten, grüne Bohnen und Kopfsalat gedeihen in diesem Garten der Götter in üppiger Pracht. In den Tuffhöhlen von *Saumur* werden Champignons, Seitlinge, Austernpilze und Shiitake-Pilze gezüchtet. Die konstanten Temperaturen, die Dunkelheit und die hohe Luftfeuchtigkeit von bis zu 90 Prozent bieten ideale Voraussetzungen für die Pilzzucht. Vielen dieser *Champignonnière* sind Restaurants angegliedert, in denen man im Höhlenrestaurant oder auf der Terrasse mit Blick auf die Loire die Pilze z. B. als Champignon-Frikassee mit Sahne, gratinierten Champignon-Auflauf (siehe Seite 83) oder als edle Zutat im Linsensalat mit Austernpilzen und Walnüssen (siehe Seite 74) direkt vor Ort verkosten kann.

Als Nachtisch bietet sich der köstliche Ziegenkäse der Region an. Dieser kann entweder als herzhafter »Magenschließer« am Stück genossen werden oder man kombiniert cremigen Ziegenfrischkäse mit frischem Obst. Beim gratinierten Obstsalat mit Ziegenfrischkäsemousse (siehe Seite 216) werden sowohl Käseliebhaber als auch Zuckermäuler zufrieden gestellt.

Eine der bekanntesten und vielfach nachgeahmten Spezialitäten des
Loiretals ist die Tarte Tatin, eine gestürzte Apfeltorte mit karamellisierten
Äpfeln (siehe Seite 218). Der Legende nach soll diese verführerische *Tarte*
von den Schwestern *Tatin* zum Ende des 19. Jahrhunderts im Hotel *Tatin et
Terminus* erfunden worden sein und es schon bald auf die Menükarte des
Pariser *Maxim* geschafft haben.

Natürlich darf in einer Region, die von der Sonne und den Gaben der
Natur derart verwöhnt ist, auch der Wein nicht fehlen. Im *Loiretal* werden
frische Weiß- und fruchtige Rotweine sowie betörend süße Dessertwei-
ne angebaut. Dabei ist für jeden Geschmack und jeden Geldbeutel etwas
Passendes zu finden. Wer jedoch ausgedehnte Rebflächen wie im *Bordelais*
oder im Burgund erwartet, wird enttäuscht werden. Die Weinbaugebiete
der *Loire* sind so unterschiedlich und so versprengt, dass man sie buch-
stäblich suchen muss. Dafür hat man jedoch dass Vergnügen, dass man die
ganze Spannbreite an Geschmack und Bukett erfahren darf. Vom fruchtigen, manchmal etwas kantigen, roten *Chinon* über einen mit leichtem Rest-
zuckergehalt ausgebauten *Rosé d'Anjou* bis zum fruchtig-leichten weißen
Vouvray – im *Loiretal* ist Abwechslung Programm. Zum Ende des Fluss-
laufes, dort wo der Atlantik seinen Einfluss bemerkbar macht, werden die
Muscadetweine produziert. Diese frischen, etwas säuerlichen Weißweine,
die manchmal leicht prickelnd auf der Zunge liegen, passen hervorragend
sowohl zu einem Reis-Lauch-Gratin (siehe Seite 165) als auch zu den im
Poitou-Charentes hergestellten Ziegenweichkäserollen und dem Ziegenca-
membert.

Normandie

Die barbarischen Horden kamen aus dem hohen Norden. Mit ihren wen-
digen Schiffen und scharfen Schwertern drangen die Wikinger mordend,
plündernd und schändend von der Südküste des Ärmelkanals bis weit ins
Landesinnere vor. Einige Verbände der wilden »Nordmänner« schafften es
bis nach Paris und zogen dann nach Köln und Trier weiter. Andere wurden
nach der Ernennung ihres Anführers Rollo zum ersten Herzog der Normandie im Nordwesten sesshaft. Sie tauschten die Streitaxt gegen den Pflug,
beackerten den fruchtbaren Boden, züchteten Vieh und pflanzten Obstbäume an. Als das Land unter ihrer Obhut gedieh, förderten sie den Klerus, stif-
teten Kirchen, Klöster und Abteien. Als Folge dessen wurden die Kinder der

einstigen barbarischen »Nordmänner« friedliche, französisch sprechende Normannen. Heute erinnert nur noch der Name dieser nördlichen französischen Provinz an ihren Ursprung.

Wer zur Obstbaumblüte im Landesinneren unterwegs ist, lernt eine ganz andere Seite der Normandie kennen. Fährt man auf den kleinen Straßen und Sträßchen vorbei an den ausgedehnten Streuobstwiesen, so wird man in einen wahren Frühlingsrausch von schneeweißen und rosaroten Blütenwolken versetzt. Es sind die beiden Vorboten von zwei der drei großen Cs, die die heutige Normandie prägen: *Cidre, Calvados* und *Camembert.* Denn die Normandie ist ein Bauernland geblieben. Die Hälfte der gesamten Bodenfläche umfasst Weideland, ein Viertel ist Ackerland. Auf saftig grünen Weiden, die durch wild rankende Hecken voneinander getrennt sind, weiden Kühe, die den Rohstoff für den Camembert produzieren. Milch, Sahne und Butter gibt es hier in Hülle und Fülle. Obstbäume rahmen die schmucken Fachwerkhäuser mit ihren tief gezogenen Dächern ein. Weizenfelder wiegen sich in der abgeschwächten Meeresbrise. Frühgemüse und Kartoffeln gedeihen prächtig auf dem fruchtbaren Boden. Es ist ein von der Natur und einem mild-feuchten Klima verwöhnter Landstrich.

Und doch ist die Normandie eine Region, die stark durch das Meer geprägt wurde. Feine Sandstrände und wilde Klippen wechseln einander ab. Sanfte Flusstäler münden in murmelnde Kiesstrände und malerische Fischerdörfer. Größere industrielle Ballungsgebiete konzentrieren sich auf das Seinetal zwischen *Le Havre* und *Rouen.* Der Rest der Normandie wirkt trotz des massiven Einflusses des Fremdenverkehrs und der Tausenden von Parisern, die alle Jahre wieder im Juli und August in die Küstenorte einfallen, noch sehr naturbelassen und ursprünglich.

Mit den gleichen Attributen kann die Küche der Normandie bedacht werden. Hier kocht man nicht mit den Finessen der *haute cuisine,* sondern herzhaft und kräftig. Mit Milch, Butter, Sahne und Crème fraîche wird nicht gegeizt. Äpfel und Birnen finden in vielen traditionellen Rezepten als Beilagen oder Einlagen Verwendung. In den normannischen Süßspeisen sind sie in Verbindung mit Zucker, Sahne, Butter, Cidre oder Calvados ein Muss.

Der inoffizielle Botschafter der Region ist der Camembert – der vielfach kopierte, aber echt nur mit dem Zusatz A.O.C. versehene Weichkäse aus dem gleichnamigen Ort im Herzen der Normandie. Hier lebte im Jahre 1791 das fromme Bauernmädchen *Marie Harel.* Diese versteckte während der Revolutionswirren einen kirchentreuen Priester aus der Region *Brie* vor den Revolutionären. Aus Dankbarkeit weihte der Priester das Bauernmädchen in die Geheimnisse der Fertigung des *Fromage de Brie* ein. *Marie Harel* genügte das Resultat, der einfache Bauern-Brie, jedoch nicht und sie experimentierte und probierte weiter, bis das, was man heute in Frankreich »die Füße des lieben Gottes« nennt, entstand.

Camembert und Brie genießt man in Frankreich übrigens nicht nur zum Brot, sondern setzt sie auch zum Gratinieren von herzhaften *Tartes* und Aufläufen ein. Die beiden Weichkäse verleihen der mit frischen Erbsen und Zuckerschoten belegten Zuckerschoten-Tarte (siehe Seite 98) und dem Brotauflauf mit Brie (siehe Seite 158) eine besonders delikate Note.

Neben Camembert und Brie gibt es in der Normandie noch etwa 30 andere Käsesorten. Am bekanntesten sind der aus roher Kuhmilch gefertigte *Pont-l'Evêque* und der mit Streifen aus Riedgrashalmen umwickelte *Livarot*.

Im *Pays d'Auge*, dort wo ausgedehnte Streuobstwiesen die Landschaft prägen, ist der *Cidre*, der berühmte, prickelnde Apfelwein der Normandie, beheimatet. 750 verschiedene Sorten Äpfel wachsen in der ganzen Provinz, mehr als ein Dutzend werden benötigt, um einen guten *Cidre* herzustellen. Denn erst das gekonnte Mischungsverhältnis aus süßen, sauren und bitteren Äpfeln macht einen guten *Cidre* aus. Rechts und links von der *Route du Cidre* gibt es viele kleine Höfe, die ihren *Cidre* direkt aus dem Fass anbieten. Der *Cidre fermier* ist frisch vergoren und nicht pasteurisiert. Für den Export muss der *Cidre* jedoch pasteurisiert werden, um den Gärprozess zu stoppen und Süße und Alkoholgehalt einzustellen.

Cidre wird in zwei Varianten angeboten: als lieblicher *Cidre doux* mit zwei Prozent und als fast durchgegorener *Cidre brut* mit etwa doppeltem Alkoholgehalt. Traditionell wird er aus dickbauchigen, braunen Schalen und zu den typisch normannischen Gerichten getrunken. Aber auch in Töpfen und Auflaufformen macht er sich gut und gibt dem Sauerkrautauflauf mit Cidre sein säuerlich-beschwingtes Aroma (siehe Seite 166).

Der große Bruder des *Cidre* ist der *Calvados*, ein in Eichenfässern gelagerter Apfelbrand. Dieser wird als *Digestif* oder auch zwischen den Gängen eines üppigen Menüs gereicht, um als so genanntes *Trou normand*, als normannisches Loch, Platz im Magen für folgende Gänge zu schaffen.

Provence

Wer auf der *Autoroute du Soleil*, auf der Straße in Frankreichs sonnigen Süden, unterwegs ist, dem eröffnete sich, kurz nachdem der Ballungsraum (und chronische Stauraum) von *Lyon* überwunden ist, ein wahrhaftiger Lichtertraum. Die Farben verändern sich plötzlich. Die träge dahinfließenden Wassermassen der *Rhône,* die Getreidefelder und Obstplantagen, die Weinberge und die Gemäuer der diesseits und jenseits der *Rhône* liegenden Städte wirken wie von Künstlerhand aquarelliert. Der *Midi,* der Süden von Frankreich, hat seine ganz eigenen Farben, weil das Mittelmeer sich über dem *Rhônetal* in der Atmosphäre fortsetzt und dem Ganzen seine eigene optische Färbung verleiht. Nicht nur Künstler wie van Gogh, Cézanne oder Picasso wurden seit jeher von diesem magischen Licht angezogen, sondern auch unzählige Touristen aus Mittel- und Nordeuropa, die jedes Jahr wieder für ein paar Tage oder Wochen ihren provenzalischen Traum erleben möchten. Kaum eine Provinz Frankreichs scheint mit einem ausgeprägteren Klischeebild behaftet zu sein und in kaum einer Provinz sieht man das Klischee dermaßen bestätigt: Kleine, wie Adlernester auf zerklüfteten Felsen thronende Dörfer wechseln sich mit Obstplantagen und Weinbergen ab. Ältere Herren mit Baskenmütze und der unvermeidlichen *Gauloise* im Mundwinkel spielen auf platanenbeschatteten Dorfplätzen Boule. Schaf- und Ziegenherden grasen friedlich in Olivenhainen und in lilafarbener Pracht erblühende Lavendelfelder ergießen sich bis zum Horizont. Hier ist man noch weit von der Hektik, die sich zwischen *Marseille* und *Monaco* an der *Côte d'Azur* breit macht, entfernt. Das urfranzösische Lebensgefühl, das gewisse *Savoir-vivre,* scheint in der Provence tief verankert.

Zum guten provenzalischen Leben gehört neben der Sonne und einem gewissen Hang zur Gemächlichkeit die Liebe zur guten, abwechslungsreichen Küche mit qualitativ hochwertigen Zutaten. Dieser habhaft zu werden ist in der Provence keine Zauberei, denn in dem warmen, sonnigen Klima und auf den fruchtbaren Böden gedeihen Kräuter, Gemüsesorten und Früchte jeder Art und Couleur. Wer einmal einen provenzalischen Markt besucht hat, wird von der reichhaltigen Auswahl zu jeder Jahreszeit beeindruckt sein. Schon in den ersten Wochen des Frühjahrs, wenn Deutschland noch halb im Winterschlaf liegt, findet man frischen Spinat, Frühkartoffeln, zarte Karotten, grünen Spargel, kleine weiße Rübchen, Bohnen und Brokkoli in den Auslagen der Marktstände. Die ersten Erdbeeren laden bald darauf zum Naschen ein. Der Sommer schließt sich in einem wahren Feuerwerk von Farben und Genüssen an: Aprikosen, Kirschen, Melonen, Beeren, Feigen, Pfirsiche, Trauben und Äpfel werden zu einfachen, aber dadurch umso verführerischen Desserts oder zu Konfitüren verarbeitet. Im »größten Gemüsegarten Frankreichs« wachsen Auberginen, Gurken, Paprika, grüne Bohnen, Tomaten, Zucchini in Hülle und Fülle. Ein paar Monate später leuchten Kürbisse, weiße und rote Bohnen, lilafarbene Artischocken, kleine Rote Bete, frische und daher noch dunkelbraune Walnüsse, grüne Oliven sowie verschiedene Kohlsorten um die Wette. Und selbst der Winter ist nicht trist, weil schwarze Oliven, Sellerie, Lauch, Karotten, Kartoffeln, Orangen und Zitronen nebst den kostbaren schwarzen Trüffeln aus dem *Tricastin* den Speiseplan bereichern.

Neben Gemüse und Früchten ist die Provence reich an den typischen mediterranen Kräutern, deren Duft über Felder und wilde Heidelandschaften zieht. In dieser »Provinz der Düfte« wird deshalb auch ausgezeichneter Honig produziert, der alle Wohlgerüche und Geschmäcker dieses Landstriches in sich vereint.

Angereichert werden diese Köstlichkeiten durch zwei weitere Säulen der provenzalischen Küche: dem Knoblauch und dem Olivenöl. Beides wird reichlich verwendet und das nicht nur bei der Zubereitung von Salaten, sondern auch beim Kochen, Backen und Braten.

Viele Gerichte, die von Küchenchefs und Feinschmeckern gleichermaßen als typisch französisch erachtet werden, haben ihren Ursprung in der Provence. Die beliebtesten und schmackhaftesten wie z. B.

- *Aïoli* (Provenzalische Knoblauchsauce)
- *Bouillabaisse* (Gemüse-Bouillabaisse)
- *Courgettes farcies* (Gefüllte Zucchini auf provenzalische Art)
- *Pan Bagnat* (»Gebadetes Brot« aus Nizza)
- *Ratatouille niçoise* (Gemüseeintopf aus Nizza)
- *Rouille* (Scharfe Pfeffersauce)
- *Socca* (Kichererbsenmehlpfannkuchen aus Nizza)
- *Soupe au pistou* (Provenzalische Gemüsesuppe)
- *Tapenade* (Olivenpaste)
- *Tian* (Provenzalischer Gemüseauflauf)

dürfen natürlich auch in diesem Buch nicht fehlen und verleiten dazu, schon beim Zubereiten in provenzalischen Genüssen zu schwelgen.

Doch Genuss ist gerade in der Provence immer mit einem guten Tropfen verbunden. Was nicht verwundert, denn der Weinanbau hat dort eine jahrhundertealte Tradition. Schon von den Römern und Griechen wurden zwischen der Rhône und der Küste Weine gekeltert. Heutzutage findet man eine für jeden Geschmack und Geldbeutel gelungene Mischung aus edlen Spitzengewächsen und einfachen, süffigen Landweinen. An den gehaltvollen, körperreichen Tropfen von *Châteauneuf-du-Pape* erfreuten sich nicht nur die Päpste von Avignon, sondern noch heute Weinliebhaber aus aller Welt. Die Regionen *Côtes du Ventoux* und *Côtes du Lubéron* produzieren zwar preiswertere, aber durchaus trinkbare Weine, die das Alltagsmahl bereichern. Die Spezialität der Provence ist allerdings ein junger, frischer und süffiger *Rosé*, der zu jeder Mahlzeit passt. Nach einem zwischenzeitlichen Hang zur Massenware achtet man inzwischen wieder auf Qualität, so dass die provenzalischen Genüsse auch in dieser Beziehung wieder ungetrübt sind.

Tafeln wie Gott in Frankreich
Die französische Ess- und Tafelkultur

Mit den Galliern fing alles an

Die nationale Begeisterung für Essen und Trinken ist eine urfranzösische Leidenschaft. In kaum einem anderen europäischen Land wird der Nahrungszubereitung und ihrem Verzehr ein derart hoher Stellenwert eingeräumt. In Frankreich isst man nicht, man tafelt. Küche und Kochen haben Kultstatus. Und dass nicht erst seit dem Entstehen der *nouvelle cuisine* in den siebziger Jahren. Die französische Leidenschaft für eine feine Tafel und einen guten Tropfen kann direkt bis zu den gallischen Vorfahren zurückverfolgt werden. Obelix und seine viel gepriesene Wildschweinkeule lassen grüßen. Historische Quellen beweisen, dass die Landsleute von Asterix und Obelix einen beachtlichen Appetit aufwiesen und Freude am gemeinschaftlichen Tischgenuss hatten. Die ländlichen Feste und üppigen Hochzeitsgelage gehen auf gallische Sitten zurück.

Unter dem Einfluss der Römer wurde die bodenständige und sättigende Kochkunst der Gallier verfeinert, überlebte das Mittelalter und die durch Sparsamkeit und Sinnesfeindlichkeit geprägte Reformation und erwachte zur Regierungszeit Ludwig XIV. zur erneuten Blüte. Am Hofe des Sonnenkönigs überbot man sich an Üppigkeit und theatralischer Präsentation der Speisen. Völlerei gehörte, zumindest für den König und seine Hofgesellschaft, zum guten gesellschaftlichen Ton. Bei Tisch achtete man von da an auf »Etikette«, das heißt, von den Geladenen wurden makellose Tischsitten und die Kunst der Konversation bei Tisch erwartet. Diese nationale Eigenart, sich während des Essens über das zu unterhalten, was man gerade isst, hat sich bis in die Gegenwart erhalten. Beim Essen über das Essen zu diskutieren, bedeutet in Frankreich, den kritischen Geist zu trainieren.

Eine einzigartige Mischung aus Vielfalt, Qualität und Tradition

Eine der Voraussetzungen dafür, dass Frankreich sich zum irdischen Schlaraffenland entwickeln konnte, ist die einzigartige Vielfalt seiner geographischen Regionen: die raue Atlantikküste mit ihren reichhaltigen Fischgründen, die kräuterreichen Almwiesen des Zentralmassivs, die sich sanft erhebenden Weinberge des Elsass und Burgund, die fruchtbaren Böden im Pariser Becken, das milde, für den Gemüseanbau geradezu wie geschaffene Klima im Tal der Loire, die sonnenverwöhnte Provence und das von den Bergen und dem Meer geprägte Languedoc-Roussillon. Von Nord nach Süd, von West nach Ost bietet Frankreich geradezu ideale Bedingungen für Wein- und Ackerbau, Viehzucht und Fischerei. Das eigentliche Geheimnis der französischen Küche liegt also in den qualitativ hochwertigen Rohstoffen, die, gepaart mit einer jahrhundertealten Tradition und einem stets wachen Erfindungsgeist, die viel gepriesenen Gaumenfreunden hervorbringen.

Gerade weil die Franzosen ihre Küche lieben und pflegen, sind sie auch bereit, einen höheren Prozentsatz ihres Einkommens für Essen und Trinken auszugeben. Der französische Konsument ist bei der Auswahl dessen, was auf seinem Tisch landen soll, mehr als wählerisch. Der Pro-Kopf-Verbrauch an Tiefkühlkost liegt nur etwa bei einem Viertel des Verbrauchs in Deutschland. Unreifes Obst oder Gemüse, Salat mit welken Blättern oder Tomaten mit Druckstellen wird man selbst in den großen Supermärkten, den *Hypermarchés*, kaum finden. Dennoch lässt sich die französische Hausfrau oder der französische Hausmann nicht davon abbringen, Gemüse und Obst einer kritischen Überprüfung zu unterziehen. An französischen Obst- und Gemüseständen wird die Ware noch »befingert«, sortiert und selektiert, und landet erst bei Erfüllung aller persönlicher Qualitätskriterien im Einkaufskorb. An den Verkaufstheken wird gerne über die besten Zubereitungsmöglichkeiten diskutiert und nicht selten bekommt der Käufer auch noch einen wohlgemeinten Tipp zur Auswahl des die Mahlzeit begleitenden Weines.

Die Speisenfolge in der französischen Küche

Die wichtigsten Mahlzeiten in Frankreich sind das Abendessen und das Sonntagsessen mit der ganzen Familie.

Im Vergleich dazu fällt das Frühstück mehr als spartanisch aus. Es wird meistens schnell, nicht selten im Stehen eingenommen und besteht lediglich aus einer großen Schale *Café au Lait*, einem *Croissant* oder einem Stück *Baguette* mit Marmelade. Die Bedeutung, die die Franzosen ihrem Frühstück entgegenbringen, lässt sich an der Tatsache erkennen, dass es noch nicht einmal mit einem eigenen Namen bedacht wurde. Das Frühstück wird lediglich als *petit déjeuner*, als kleines Mittagessen betitelt.

Üppiger fällt dagegen schon das Mittagessen, *le déjeuner*, aus. Auch nach dem Einzug der Fast-Food-Ketten bieten viele Bistros und Restaurants um die Mittagszeit ein einfaches, preiswertes Tagesmenü, das *menu du jour* an. Dieses besteht in der Regel aus Vorspeise, Hauptgang und einem Dessert. Es wird zwar zügig gegessen, doch man nimmt sich immer noch Zeit zum Genießen. Für das hastige Hinunterschlucken von belegten Brötchen oder Burgern hat der Durchschnittsfranzose auch in Zeiten von Termindruck, verlängerten Arbeitszeiten und Globalisierung wenig Verständnis. *Il faut manger*, man muss schließlich Leib und Seele zusammenhalten, lautet das Motto und die Mehrheit hält sich (noch) daran. Wer um die Mittagszeit auf Frankreichs Nationalstraßen unterwegs ist, wird erstaunt sein, wie viele Lkw auf den Parkplätzen der angrenzenden Restaurants parken. Die *routiers*, die Fahrer, wissen, wo es gut schmeckt und die Portionen üppig bemessen sind. Wo die meisten Lkw sich eingefunden haben, sollte man ruhig selber auch einmal einkehren …

Abends kommt die Familie zum Abendessen zusammen. Auch dabei ist es nicht üblich, sich auf einen Gang zu beschränken, es bleibt in der Regel bei der traditionellen Trias: Vorspeise-Hauptspeise-Dessert.

Sonntags versammeln sich die französischen Familien gern zum gemeinsamen Mahl. Dann wird, zu Hause oder im Restaurant, mit einem üppigem Menü von bis zu sieben einzelnen Gängen geschlemmt. Typisch für die Menüfolge sind:

Apéritif
Ein Gläschen zu Beginn, das den Appetit anregt. Oft handelt es sich um ein Glas Champagner oder *Crémant* (französischer Schaumwein). Im Sommer sind zudem ein trockener Weißwein oder ein *Kir* beliebt. In der Provence und am Mittelmeer trinkt man gern einen *Pastis* (Anisschnaps), der mit gekühltem Wasser aufgefüllt wird.

Les hors-d'œuvres
Kleine Gaumenfreuden, die den Magen öffnen.

Les entrées
Kalte oder warme Vorspeisen, von schlicht bis raffiniert.

Le plat
Die Hauptspeise, welche meistens aus Fleisch, Fisch und Beilagen oder einem vegetarischen Hauptgericht besteht.

Le fromage
Weil Käse bekanntlich den Magen schließt.

Le dessert
Die süße, kleine Versuchung, die bei keinem Menü fehlen darf.

Le café
In der Regel klein und stark. Er wird oft von etwas Schokolade und einem *Digestif*, entweder einem Likör oder einem Marc (Tresterschnaps), Cognac oder Armagnac (Weinbrand aus Südwestfrankreich) oder auch Calvados begleitet.

Werden noch mehr Gänge mit entsprechenden *Entremets* (Zwischengerichten) serviert, wird jeder Gang kleiner portioniert.

Zum Essen gibt es frisches Baguette, getrunken wird Wasser und Wein. Erlaubt ist hier inzwischen das, was schmeckt. Als Faustregel gilt jedoch noch immer, dass ein Gericht aus einer bestimmten Region mit Weinen aus der gleichen Region gepaart werden sollte.

Sättigungsbeilagen im deutschen Sinn gibt es nicht; Kartoffeln werden als Gemüse eingestuft.

Französische Esskultur hält gesund
Trotz Buttercroissants, fettem Käse und mit Crème fraîche angereicherten Saucen sind immer noch weniger erwachsene Franzosen übergewichtig als Deutsche oder Amerikaner. Außerdem treten Herz-Kreislauf-Erkrankungen bei ihnen deutlich weniger auf. Dieses französische Paradoxon wird unter anderem damit erklärt, dass die Portionen kleiner sind, aber mit wesentlich mehr Hingabe verzehrt werden. Obwohl die Franzosen im Schnitt weniger und damit kalorienärmer essen als die Deutschen und die Amerikaner, verbuchen sie doch ein stärkeres »Ess-Erlebnis«. Außerdem verzehren zumindest die Südfranzosen, wie die meisten Mittelmeeranrainer, wesentlich mehr Gemüse, Obst und Salat. Das mindert die Gesamtkalorienzufuhr und

die vielen wertvollen Inhaltsstoffe haben positive Auswirkungen auf den Gesundheitszustand.

In diesem Zusammenhang sollte nicht vergessen werden, dass zu jedem guten französischen Essen ein Glas Rotwein gehört. Bestimmte sekundäre Pflanzenstoffe aus den Weintrauben wirken Entzündungen und Blutgerinnseln entgegen und halten so die Gefäße offen. Man sollte es daher wie die Franzosen halten: »*Use, mais n'abuse pas*«, was in etwa mit »regelmäßig, aber in Maßen« übersetzt werden darf.

Ein gefährlicher Verfall der familiären Esssitten
Auch wenn Frankreich, was Speis und Trank anbelangt, vielfach als irdisches Paradies eingestuft wird, hat sich im Laufe der letzten zehn Jahre dennoch eine Schlange in den vermeintlichen Garten Eden eingeschlichen.

Xavier Bertrand, der französische Gesundheitsminister, hat unlängst Alarm geschlagen: Der Einzug von Fast-Food-Ketten und vorgekochten Gefrierkostmahlzeiten habe in einer zunehmenden Anzahl von Familien zu einem Verfall der familiären Esssitten geführt. Burger, Pommes und Tiefkühlpizza drohen den hausgemachten und im Kreise der Familie eingenommenen Mahlzeiten den Rang abzulaufen. Übergewicht und Fettleibigkeit, besonders bei Kindern, sind die Folge. Die Zahl übergewichtiger Kinder hat sich in den vergangenen fünfundzwanzig Jahren von fünf auf fünfzehn Prozent verdreifacht. Sprünge, wie man sie bisher nur von den USA kannte.

»Wenn wir nichts tun, haben wir 2020 Verhältnisse wie in Amerika«, warnte der sozialistische Abgeordnete *Jean-Marie Le Guen*. Und der Gesundheitsminister sieht den Kampf gegen die unerwünschten Pfunde als »eine der größten Herausforderungen des neuen Jahrhunderts.«

Jetzt hat die Regierung in Paris Maßnahmen ergriffen, um diesem Trend entgegenzuwirken. Getränke- und Süßigkeitenautomaten wurden an Schulen verboten. Das Naschen von süßen Schokoriegeln, Chips oder so genannten Kinderdesserts soll schon im Kindergarten unterbunden werden. Die Schulkantinen veranstalten Informationstage, um über gesunde und ausgewogene Ernährung aufzuklären. »*10 par jour*« prangt von Plakaten in den Metroschächten und wirbt dafür, insgesamt zehn Portionen Obst und Gemüse am Tag zu sich zu nehmen.

Da insbesondere Kinder sozial schwacher Familien von Fettleibigkeit betroffen sind, werden die Eltern angehalten, gegen den »*mal bouffe*«, den

»schlechten Fraß«, vorzugehen. In Kampagnen, an denen sich teilweise auch die großen Supermarktketten beteiligen, wird aufgezeigt, dass gutes und ausgewogenes Essen nicht teuer sein muss. Die Eltern werden ermuntert, wieder verstärkt selbst zum Kochlöffel zu greifen und sich der urfranzösischen Essformen und -traditionen zu besinnen. Damit es sich auch für die nachfolgenden Generationen noch lebt und tafelt wie Gott in Frankreich.

Vive la carotte!
Vegetarismus in Frankreich

Aller Anfang ist schwer

Zu behaupten, in Frankreich habe die Wiege des europäischen Vegetarismus gestanden, wäre glatt gelogen. In der Tat hatten bis vor kurzem noch all die, die sich öffentlich der Fleischeslust auf ihren Tellern entsagten, einen mehr als schweren Stand.

Denn dort, wo getrüffelte Leberpastete, Weinbergschnecken in Knoblauchbutter und »*La Chasse*«, das alljährlich von September bis März grassierende Jagdfieber, quasi als Nationalheiligtümer gelten, wurden Vegetarier argwöhnisch als Exoten oder Querdenker beäugt. In Restaurants – auch in denen, die sich mit einem oder mehreren Michelin-Sternen schmücken dürfen – mussten sie sich mit den Beilagen oder der allgegenwärtigen »*Omelette nature*« zufrieden geben. Die französische Presse betitelte Vegetarier wenig schmeichelhaft als Körnerfresser, Dauerdiätler oder weltfremde Esoteriker. Wer als »echter« Franzose die kulinarische Ehre seines Heimatlandes hochzuhalten gedachte, sprach *Boeuf Bourguignon*, Hühnchen aus *Bresse* und Austern von heimischen Küsten mit wachsendem Appetit zu.

Ende der neunziger Jahre schlug den Franzosen genau dieser Appetit jedoch gewaltig auf den Magen. Eine bis dato nicht gekannte Häufung von Lebensmittelskandalen erschütterte die *Grande Nation*. Im Hühnerfutter wurden plötzlich Dioxine entdeckt, die Eier waren mit Salmonellen verseucht, in Puten- und Entenbrüsten fand man Rückstände von Antibiotika und die Kühe wurden verrückt. Die *Crise de la vache folle* brachte auch die Franzosen, deren Pro-Kopf-Verbrauch an Fleisch mit gut 90 Kilogramm jährlich an der Spitze Europas lag, zum Umdenken. Plötzlich interessierte man sich für das, was da auf dem Teller lag und fragte nach Herkunftszertifikaten und Aufzuchtsdetails. Einige Verbraucher gingen sogar noch einen Schritt weiter und fragten sich, ob Fleisch, Fisch und Geflügel der Gesundheit überhaupt dienlich sind. Die Stunde des Vegetarismus schlug.

Grünkost-Gourmets und Gesundheits-Vegetarier

Die neuen Vegetarier in Frankreich sind gesundheitsbewusst und experimentierfreudig. Sie verbinden Alt mit Neu, den Westen mit dem Osten,

Gesundheit mit Genuss. Die altbewährten Rezepte der französischen Landhausküche werden munter mit Elementen aus Fernost gemischt, so dass
die berühmte *Quiche Lorraine* statt mit Schinken und Speck plötzlich auch
einmal mit Räuchertofu daherkommt. Was ihrem Geschmack und ihrer
Beliebtheit jedoch keinen Abbruch tut.

Diesem Trend zu einem veränderten Körper- und Gesundheitsbewusst-
sein folgend, hat sich die Anzahl von vegetarischen Angeboten auf den Speisekarten der Restaurants vervielfacht. Gesund zu schlemmen ist *en vogue*,
vor allem, wenn man in der Region Paris, im Elsass oder im Süden lebt. Das
geographische Zentrum Frankreichs gibt sich diesbezüglich noch etwas zu-
rückhaltender, doch hier zeigt eine neuzeitliche Invasion des alten Erzfein-
des Großbritannien seine Wirkung. Bedingt durch die günstigen Immobi-
lienpreise entscheiden sich immer mehr Briten, ihrem wolkenverhangenen
und für Genuss nicht gerade berühmten Heimatland den Rücken zuzukeh-
ren und sich auf französischem Boden eine neue Existenz aufzubauen. Da
in Großbritannien, rein statistisch gesehen, die größte Vegetarierdichte in
Europa herrscht, bringen viele von diesen Umsiedlern neben ihren Hunden
und Katzen auch den Hang zur fleischlosen Kost mit. Supermarkt- und Res-
taurantbesitzer sehen sich genötigt, Tofu und Sojamilch in ihr Sortiment
aufzunehmen und mehr als nur Tomatensalat auf die Karte zu setzen. Die
Zeiten ändern sich – zwar langsam, aber stetig.

Stolz, ein Vegetarier zu sein

Eine weitere Gruppe, die zu dieser Veränderung beiträgt, sind die Tierschüt-
zer und Tierrechtler. Ihre Beweggründe sind nicht so sehr gesundheitlich,
sondern eher ethisch-moralisch bedingt. Das Leiden des Tieres rückt in den
Fordergrund. »Tue niemanden das an, was dir selbst nicht angetan werden
soll«, lautet ihr Credo. Dafür gehen sie unter anderem bei der alljährlichen
»*Veggie Pride*«, dem Fest für stolze Vegetarier und Veganer, in Paris auf die
Straße. Organisationen wie die *Alliance Végétarienne*, die *Veg' Asso*, *PeTA
France*, *AVEA (Action Végétariste pour l'Egalité Animale)* vermerken wach-
sende Mitgliederzahlen. Verlage wie die *Editions La Plage* erweisen sich als
mutig und nehmen sich des Nischenproduktes »vegetarische Lebensfor-
men« an. Der grüne Samen ist auch im Mutterland aller Gourmets aufge-
gangen. Bleibt zu hoffen, dass die, die ihn hegen und pflegen, sich mehren
und reiche Ernte einfahren.

Das Haar in der Gemüsesuppe

Denn eins darf trotz aller Begeisterung für gesündere und tierfreundlichere Ernährungsformen nicht außer Acht gelassen werden: Die französische Agrarlobby ist stark und einflussreich, die Kritiker des Vegetarismus zahlreich. Essen und Trinken sind in Frankreich Themen, die man nicht zwischen Suppe und Hauptgang abtut. Essen weckt Emotionen, schafft Erregung – und die Gallier sind nicht gerade für ihre stoische Gelassenheit berühmt.

Die tatsächliche Anzahl der Grünkost-Gourmets lässt sich nur schwer schätzen. Die *European Vegetarian Union* beziffert den Anteil der Vegetarier in Frankreich auf zwei Prozent. Das sind, nebenbei bemerkt, ebenso viele (oder wenige?) wie die, die aktiv an der Jagd teilnehmen. Doch diese sehen sich, nicht nur von Seiten der Jagdgegner, Tierschützer und ausländischer Touristen, zunehmender Kritik ausgesetzt.

Hoffnungsvolle Ausblicke

Befürworter des Vegetarismus sind dagegen in illustren Kreisen anzutreffen. Die Schauspielerin und engagierte Tierschützerin *Brigitte Bardot* war lange Zeit das prominenteste Aushängeschild der französischen Vegetarierbewegung. Inzwischen hat sie Unterstützung von einer ganzen Reihe jüngerer Kollegen und Kolleginnen bekommen. Dem deutschen Publikum dürften vor allem *Sophie Marceau,* die mit der französischen Teenager-Komödie *La Boum* einen ihrer größten Erfolge feierte, sowie *Yves Renier* als Kommissar *Moulin* und *Lambert Wilson* aus der Sciene-Fiction-Trilogie Matrix bekannt sein. Mit der Ernennung von *Azouz Begag,* dem algerisch-stämmigen Autor und Soziologie-Dozenten, zum beigeordneten Minister für die Förderung von Chancengleichheit hat der Vegetarismus Einzug in die Nationalpolitik gehalten.

Aber auch durch die Küchen der französischen Starköche weht ein frischer, »grüner« Wind: Der große Altmeister *Alain Ducasse* räumt in seinen neueren Kochbüchern Obst- und Gemüsegerichten zunehmend Platz ein und der auf die vegetarische Küche spezialisierte *Jean Montagard* wurde im Gourmetführer *Gault Millau* lobend erwähnt.

Jungköche und -köchinnen, die zwar noch ohne Michelin-Stern, aber mit viel Engagement und Experimentierfreude ihrem Metier nachgehen, machen sich daran, die traditionsbeladenen Rezepte ihrer Vorgänger zu entstauben und neu zu definieren. Sie blättern in alten Rezeptbüchern und stellen fest, dass ihre Groß- und Urgroßmütter in den Provinzen schon immer das auf den Herd gebracht haben, was heute noch als die Stützen der vegetarischen Ernährung gilt: Obst, Gemüse, Getreide, Hülsenfrüchte, Milchprodukte und Eier. Der Fundus an echten, vegetarischen Rezepten ist auch in Frankreich groß, man muss sich seiner nur bedienen. Die Liebe zu neuen kulinarischen Trends und zu gesünderen Ernährungsformen setzt sich auch bei den Franzosen immer mehr durch.

Die ersten Erfolge dieser Entwicklung sind schon zu verzeichnen: Obst- und Gemüsehändler im Großraum Paris feiern jährliche Wachstumsschübe von bis zu zwanzig Prozent. Die Firma *Bonduelle,* die auch über Frankreichs Grenzen hinaus als Lieferant für das »Zartgemüse aus der Dose« bekannt ist, konnte einen Umsatzsprung von fünfundzwanzig Prozent verzeichnen.

Alles in allem sind die Aussichten für die, die sich der vegetarischen oder veganen Lebensweise verschrieben haben, gar nicht so schlecht. Der Vegetarismus steckt in Frankreich zwar noch in den Kinderschuhen, doch wenn die Zeichen weiter auf »Grün«, auf »Bio« und auf »Gesund« stehen, hat er eine reelle Chance, sich zum festen Bestandteil des französischen *Savoir-vivre* zu entwickeln.

La France aux 1.000 fromages
Die unendliche Vielfalt französischer Käsesorten

Käse aus Frankreich ist weltberühmt. Und nicht nur für die Franzosen ist französischer Käse der Inbegriff von Käse schlechthin. Es gibt ihn als Rechteck, als Rolle, als runde Scheibe, als Kegel, als Zylinder oder auch als Ziegel. Wer die Käseabteilungen der großen Supermärkte aufsucht, läuft leicht in Gefahr, sich zwischen den endlos langen Kühlregalreihen zu verirren. Man könnte ein Jahr in Frankreich verbringen und sich vornehmen, jeden neuen Tag mit einer neuen Käsesorte zu beginnen – und doch hätte man es nach 365 Tagen nicht geschafft, das gesamte Angebot mit Mund und Magen zu erfassen.

Woher kommt diese ungeheure Vielfalt? Vielleicht spornte ein Ausspruch von *General de Gaulle* seine Landsleute an, sich quasi zum Käseweltmeister zu erheben. Dieser beklagte nämlich einst:»Wie soll man ein Land regieren, das 325 Käse hat?«

Inzwischen trumpft Frankreich, sofern man neueren Schätzungen glauben darf, mit rund 1.000 verschiedenen Käsesorten auf. Allein über 100 davon sind unterschiedliche Ziegenkäse. Und 42 dürfen das begehrte Gütezeichen A.O.C *(Appellation d'Origine Controlée)* tragen. Damit werden unter anderem die traditionelle Herstellung in einem begrenzten Gebiet und strenge Auflagen bei der Qualitätskontrolle garantiert.

Zwischen den Salzwiesen des Nordens und den Gebirgszügen des Südens wird nach teilweise seit Jahrhunderten überlieferten Traditionen Milch zu schmackhaftem Käse verarbeitet.

Dabei unterscheidet man folgende Käsegruppen:
- Rohmilchkäse
- Frischkäse
- Weichkäse mit weißem Edelpilz
- Weichkäse mit gewaschener Rinde
- Halbfester Schnittkäse
- Hartkäse
- Blauschimmelkäse
- Schmelzkäse
- Ziegenkäse

Rohmilchkäse

Fromages au lait cru

Bei der Herstellung von Rohmilchkäse wird die Milch nicht pasteurisiert, sondern gar nicht oder auf maximal 40 °C erhitzt. Auf diese Weise erhält der Käse seinen individuellen Geschmack, in dem sich das Aroma der Region und das handwerkliche Können des Produzenten widerspiegelt. Voraussetzung für einen guten Rohmilchkäse ist hochwertige Milch, die nur von durch und durch gesunden, artgerecht gehaltenen Kühen gegeben werden kann. Da die Milch bei der Verarbeitung ganz frisch sein muss, wird der Rohmilchkäse entweder direkt auf dem Hof oder in nahe gelegenen, kleinen Käsereien hergestellt, von denen man in Frankreich viele auch direkt besuchen kann.

Typische Beispiele für französischen Rohmilchkäse sind *Brie de Meaux* aus der Region Ile-de-France, *Camembert de Normandie*, *Comté* aus der Franche-Comté oder *Roquefort* aus dem gleichnamigen Dorf in der Region Midi-Pyrenäen.

Frischkäse

Fromages frais

Bei der Herstellung von Frischkäse wird die Milch durch Milchsäurebakterien eingedickt. Frischkäse reift also nicht, sondern kann direkt nach der Fertigstellung verzehrt werden. Er kommt naturbelassen oder mit Kräutern, Pfeffer oder Knoblauch angereichert in die Kühlregale oder die Käsetheke. Geschmacklich variiert er von mild bis pikant. Ziegenfrischkäse hat ein sahniges, leicht säuerliches Aroma und eignet sich daher besonders für »Ziegenkäse-Einsteiger«.

Weichkäse mit weißem Edelpilz

Fromages à pâte molle et à croûte fleurie

Von den saftigen Wiesen der Normandie aus hat der französische Weichkäse Liebhaber in aller Welt gefunden. Typisch für diese Art von Weichkäse ist der geschmeidige Teig, der auf den hohen Wassergehalt hinweist. Der Geschmack variiert von fein würzig bis pikant.

Bei der Herstellung werden der Milch Milchsäurebakterien und Lab zugegeben. Dadurch trennt sich der Bruch von der Molke und kann in Formen gefüllt werden. Die für den weißen Edelpilzrasen auf der Oberfläche

verantwortlichen Edelpilzkulturen werden entweder der Milch direkt beigegeben oder auf die geformten Käse gesprüht.

Die bekanntesten Sorten sind *Camembert* und *Brie*, die beide ihren Ursprung im hohen Norden Frankreichs haben.

Weichkäse mit gewaschener Rinde
Fromages à pâte molle et à croûte lavée
Da diese Käsesorte in einem rötlichen Mantel daherkommt, wird sie auch
als Rotschmier- oder Rotkulturkäse bezeichnet. Bei der Reifung wird die
Oberfläche der Käse regelmäßig mit einer Mischung aus Wasser, Rot-
schmierekulturen und Kochsalz gewaschen. Durch diese Behandlung über-
zieht sich der Käse mit einer dunkelgelben bis rötlich schimmernden, meist
etwas feucht-schmierigen Rinde.

Typische Beispiele sind der *Munster* aus dem Elsass, der *Chaumes* aus
dem Périgord, der *Époisses* aus dem Burgund und der *Pont-l'Evêque* und
der *Livarot* aus der Normandie.

Halbfester Schnittkäse
Fromages à pâte pressée non cuite
Bei der Herstellung von Schnittkäsen wird der Käseteig gepresst, so dass
mehr Molke abläuft und der Käse insgesamt fester wird. Dennoch lässt er
sich ohne Mühe schneiden.

Zu dieser Gruppe zählen unter anderem der *Raclette*, *Cantal* und *Saint-
Nectaire* aus der Auvergne, der *Morbier* aus der Franche-Comté, der *Reblo-
chon* und der *Tomme de Savoie* aus der Alpenlandschaft der Savoyen.

Hartkäse
Fromages à pâte pressée cuite
Hartkäse ist Käse mit sehr geringem Wassergehalt und langer Reifezeit,
manchmal sogar zwölf Monate und mehr. Bei der Herstellung wird der
Käseteig nicht nur gepresst, sondern das Molke-Bruch-Gemisch wird zusätzlich noch erhitzt, was das weitere Ablaufen der Molke unterstützt. Viele
dieser Hartkäse stammen aus Bergregionen wie zum Beispiel der *Comté* aus
der Franche-Comté, der *Beaufort* aus der Region Rhônes-Alpes oder der
französische *Emmental*.

Blauschimmelkäse
Fromages à pâte persillée
Blauschimmelkäse fallen durch ihren mit blauem oder grünem Edelpilz durchsetzten Teig ins Auge. Um die klassische Färbung zu erreichen, werden der Milch oder dem Käsebruch vor dem Ausformen Grün- oder Blauschimmelkulturen zugegeben. Während der Reifung wird der Teig »pikiert«, das heißt, es werden mit einer Nadel Löcher in den Teig gestochen. Durch die so entstehenden Luftkanäle können die Edelpilze im Inneren wachsen und die typische Äderung hervorbringen.

Blauschimmelkäse sind entweder Weich- oder halbfeste Schnittkäse. Der in Deutschland bekannteste Käse dieser Gruppe ist der aus Schafsmilch hergestellte *Roquefort*, der in den Höhlen des gleichnamigen Pyrenäendorfes heranreift. In der Auvergne werden der kräftige *Bleu d'Auvergne* und der etwas mildere *Fourme d'Ambert* produziert. Der *Bleu de Bresse* hat nur eine milde Edelpilznote und ein fein-säuerliches Aroma.

Schmelzkäse
Fromages fondus
Bei der Herstellung von Schmelzkäse werden Schnitt- und Hartkäse, teilweise auch Frischkäse unter der Beigabe von Schmelzsalzen eingeschmolzen. Schmelzkäse werden naturbelassen oder mit vielerlei Zutaten wie Trauben, Walnüssen, Kräutern oder Knoblauch versehen angeboten.

Französische Schmelzkäse werden vorwiegend aus *Comté* oder französischem *Emmental* hergestellt und sind inzwischen wegen ihres sahnigen, etwas lieblichen Geschmacks auch hierzulande sehr beliebt.

Ziegenkäse
Fromages de chèvre
Anders als bei uns in Deutschland ist der Ziegenkäse in Frankreich weit verbreitet und beliebt. Von Ost nach West, von Nord nach Süd gibt es kaum eine Region, die nicht ihren eigenen Ziegenkäse produziert. Dadurch ergibt sich in Bezug auf die Formen und die Geschmacksvarianten eine außerordentliche Vielfalt. Eine Vielfalt mit jahrtausendalter Tradition. Denn es waren wieder einmal die Römer und Griechen, die auf ihren Handelswegen zuerst die Ziege und dann auch den Ziegenkäse in die südlichen Regionen Frankreichs eingeführt haben. Später brachten die Mauren die Ziege über

Spanien in die französische Loire-Region. Seit dem 16. Jahrhundert gilt die Gegend um Poitiers als Zentrum französischer Ziegenkäseproduktion. Insgesamt zählt man in Frankreich etwa 940.000 Milchziegen, die ihre Milch für hundert verschiedene Ziegenkäsesorten geben. Elf dieser Käsesorten dürfen das A.O.C.-Siegel tragen. Allein fünf davon kommen aus dem Loiretal: *Crottin de Chavignol, Pouligny Saint-Pierre, Sainte-Maure de Touraine, Selles-sur-Cher* und *Valençay.*

Im Südwesten, in der Region Aquitanien, wird nicht nur hervorragender Wein, sondern auch der leicht nussig schmeckende *Cabécou du Périgord* hergestellt. Aus den Pyrenäen stammt der kleine *Rocamadour.*

Im mediterranen Klima des Languedoc-Roussillon reift der kleine, nur rund 60 Gramm schwere *Pélardon* heran. Am Unterlauf der Rhône ist der milchig-säuerliche *Picodon* heimisch. Aus der Haut-Provence stammt der stets in ein Kastanienblatt gehüllte *Banon.* In den Savoyer Voralpen mit ihren kräuterreichen Almen wird der *Chevrotin* aus Ziegenrohmilch gefertigt.

Die Beliebtheit des *Chèvre* in Frankreich lässt sich nicht nur durch den einzigartigen Geschmack, der jeder Sorte innewohnt, sondern auch durch seine vielfältigen Verwendungsmöglichkeiten erklären. Denn Ziegenkäse erweist sich als Bereicherung der warmen und kalten Küche. Ein echter Klassiker französischer Esskultur ist der »*Chèvre chaud*«, der im Ofen, in der Pfanne oder unter dem Grill erwärmte Ziegenkäse.

Milder Ziegenfrischkäse gibt Gemüsefüllungen und Aufläufen eine feinsäuerliche Note. Der halbfeste Ziegenschnittkäse eignet sich wunderbar zum Gratinieren. Zum Dessert bildet milder Ziegenfrischkäse in Kombination mit aromatischen Früchten, Himbeer- oder Erdbeerpüree sowie als Mousse verarbeitet den krönenden Abschluss eines guten Mahls.

Die französische Speisekammer
Le garde-manger

Artischocken
Artichauts

Die Artischocke, ein Distelgewächs, stammt aus dem Vorderen Orient und war sowohl im Ägypten der Pharaonen als auch bei den Römern wegen ihres Wohlgeschmacks und der vielfältigen gesundheitlichen Vorteile sehr beliebt. Bis zum Anfang des 19. Jahrhunderts blieb sie in Frankreich vorwiegend dem französischen Adel vorbehalten, denn das genussvolle Verspeisen von Artischocken galt als Zeichen von Reichtum und gehobener Lebensart.

Heute sind die köstlichen Disteln für alle Franzosen erschwinglich, da vor allem die Bretagne mit ihrem vom Golfstrom beeinflussten Klima ideale Anbaubedingungen bietet. Auf den Feldern um die ehemalige Bischofsstadt *Saint-Pol-de-Léon* im nordwestlichen *Finistère* reifen zwischen Mai und Oktober 90 Prozent aller französischer Artischocken heran. Fünftausend Familienbetriebe haben sich dort unter der Dachmarke *Prince de Bretagne* zu einer Erzeugergemeinschaft zusammengeschlossen. Als Sorten werden traditionell die bis zu 500 Gramm schwere, dicke Camus-Artischocke und die etwas leichtere Castel-Artischocke angebaut. In den letzten Jahren wird aber auch die »*Petit violet*«, die kleine, lilafarbene Artischocke, die man vor allem aus den Mittelmeerregionen kennt, zunehmend beliebter.

In der Küche ist die Artischocke vielfältig einsetzbar, man kann sie kochen oder schmoren, kalt oder warm genießen, die Blätter mit Dips »auslutschen«, die Böden und Herzen dünsten, füllen oder überbacken.

Geputzte Artischocken sollten sofort mit frischem Zitronensaft beträufelt oder in Zitronenwasser gelegt werden, weil sie sonst anlaufen. Auch dem Kochwasser sollte stets etwas Zitronensaft zugefügt werden.

Weil Artischocken weder Eisen noch Aluminium schätzen, sollten sie weder in Kochtöpfen aus solchem Material gekocht noch mit Aluminiumfolie abgedeckt werden.

Frische Artischocken kommen bei uns von Frühsommer bis Frühherbst auf den Markt und werden stückweise angeboten. Sie sollten noch prall sein und keine braunen Blätter oder Spitzen aufweisen. Im Gemüsefach des Kühlschranks halten sie sich etwa eine Woche.

Baguette

Eine Mahlzeit ohne *Baguette*, was übersetzt »Stock« bedeutet, ist in Frankreich undenkbar. Man braucht es für alles und isst es zu einfach allem: Suppe, Sauce, Pasteten, Käse und auch zum Dessert. Obwohl die Franzosen heute fünfmal weniger Brot als zu Beginn des 20. Jahrhunderts essen, ist das Baguette noch immer allgegenwärtig.

Vielleicht liegt es daran, dass das Baguette von innen so herrlich weich und von außen so knackig knusprig ist. Dieser Umstand liegt an der speziellen Teigzubereitung, wobei der Teig sehr kühl angerührt wird und ihm lange Ruhezeiten gestattet werden. Kommt das Baguette dann frisch aus dem Ofen, kann kaum jemand widerstehen.

In Frankreich sorgen mehr als 35.000 Bäckereien dafür, dass mehrmals täglich frisches Baguette gebacken wird – auch am Sonntag. In den letzten Jahren wurden die großen Supermarktketten mit Backöfen für tiefgekühlten und halbfertig gebackenen Teig ausgestattet, so dass auch dort zu jeder Tageszeit ofenfrisches Baguette gekauft werden kann. Bei manchen ist die Qualität erstaunlich gut, doch das nach alter Handwerkskunst gefertigte Baguette beim *Boulanger* rechtfertigt meistens den etwas höheren Preis.

Obwohl das Baguette 80 Prozent des verzehrten Brotes in Frankreich ausmacht, werden noch 81 verschiedene regionale Brotspezialitäten angeboten, wobei Besonderheiten wie Nuss- oder Rosinenbrote noch gar nicht mitgezählt sind.

Auch hierzulande gehört das Baguette inzwischen zum Standardangebot vieler Bäckereien. Man sollte vor dem Kauf jedoch nachfragen, ob es sich beim verwendeten Teig tatsächlich um klassischen Baguetteteig handelt, weil in einigen Bäckereien normaler Weißbrotteig zu Baguettebroten ausgeformt und gebacken wird. Dieses Baguette ist zwar auch sehr lecker, hat aber mit dem französischen Original wenig zu tun.

Baskischer Pfeffer
Piment d'Espelette
Seit dem 17. Jahrhundert werden im Baskenland rund um das Dorf *Espelette* die feuerroten, kleinen und spitzen Paprikaschoten angebaut. Im Herbst werden sie auf lange Schnüre gefädelt und an den Südseiten der Häuser zum Trocknen aufgehängt. Nach zwei Monaten werden sie eingezogen, im Ofen nachgetrocknet und fein vermahlen. Der *Piment d'Espelette* ist der

einzige heimische Pfeffer Frankreichs. Er ist milder als Cayennepfeffer, aber pikant parfümiert und wird in vielen baskischen Gerichten verwendet. Hierzulande ist er in Feinkostläden oder Supermärkten mit sehr gut sortiertem Gewürzsortiment, in manchen Naturkostfachgeschäften oder über den Versandhandel erhältlich.

Buchweizen
Sarrasin, Blé noir
Buchweizen ist eine einjährige Sommerfrucht. Sie wird dem Getreide zugerechnet (Pseudogetreide), gehört botanisch jedoch zur Familie der Knöterichgewächse. Ihr Name leitet sich von den dreikantigen, kastanienbraunen Früchten ab, die eine ähnliche Form wie Bucheckern aufweisen.

Der Samen des Buchweizen wird zu Mehl vermahlen und für Breie, Pasteten und vor allem für die bretonischen *Galettes* verwendet. Während Buchweizenmehl in Frankreich in jedem Supermarkt zu erhalten ist, wird es hierzulande vor allem in Reformhäusern und Naturkostfachgeschäften angeboten.

Café au lait und die französische Kaffeekultur
Hartnäckig hält sich das Gerücht, dass das am meisten konsumierte Getränk in Frankreich der Rotwein ist. Die Statistik beweist jedoch, dass zuerst das Mineralwasser und dann der Kaffee an der Beliebtheitsspitze in Sachen Getränke stehen.

Neun von zehn erwachsenen Franzosen mögen Kaffee und trinken täglich eine oder mehrere Tassen – beginnend mit dem morgendlichen Milchkaffee, dem *Café au lait*. Dazu werden heißer Kaffee und heiße Milch zu gleichen Teilen gemischt und in einem *Bol*, einer großen, henkellosen Schale, serviert. Perfekt gelingt dies, wenn Kaffee und Milch gleichzeitig eingegossen werden. Tagsüber trinken die Franzosen ihren Kaffee meist schwarz als *Café noir*, die französische Variante des italienischen Espresso, oder als *Café lungo*, mit etwas Wasser verdünnt. Etwas magenfreundlicher ist der *Café crème*, dem früher Dosenmilch, heute durch Dampf aufgeschäumte Milch zugefügt wird.

Für den besonderen Genuss wird der *Café Caen* mit Calvados, Grand Manier und Sahne verfeinert. Beim *Café Royal* wird der Kaffee mit Cognac flambiert und ist der fürstliche Abschluss eines jeden verführerischen Desserts.

Um an einem tristen deutschen Alltagsmorgen schon französische Urlaubsgefühle aufkommen zu lassen, hier das Rezept für den *Café au lait*:

Für 4 große Tassen:
500 ml Kaffee
1 MSP sofort lösliches Zicchorienpulver (nach Belieben)
500 ml Milch
Zucker nach Wahl

- 500 ml starken Kaffee zubereiten und das Zicchorienpulver einrühren. In eine Kanne füllen.
- Die Milch auf etwa 60 °C erhitzen. Sie soll gut heiß sein, aber nicht kochen, um die typische Milchhaut zu vermeiden. Die heiße Milch in eine Kanne füllen.
- Jetzt in eine Hand die Kaffeekanne, in die andere die Milchkanne nehmen und gleichzeitig die gleiche Menge Kaffee und Milch in Kaffeeschalen gießen.
- Nach Geschmack Zucker hinzufügen und sofort servieren.

Couscous

Couscous, zu kleinen Körnchen verarbeiteter Hartweizen, ist ein Grundnahrungsmittel der nordafrikanischen Küche. Nach Frankreich kam der Couscous erst mit der Kolonialisierung im 19. Jahrhundert. Die Heimkehrer aus den Kolonien und die Emigranten brachten ihn mit nach Paris und in die anderen französischen Großstädte.

Inzwischen gibt es Couscous in jedem Supermarkt, wobei der *Couscous rapide*, der nur mit Wasser oder Brühe aufzugießende Instantcouscous, am weitesten verbreitet ist. Der unbehandelte Couscous wird dagegen in einer *Couscousière*, einem Schmortopf mit Deckel und Siebeinsatz, zubereitet.

Hierzulande sind beide Formen des Couscousgrieß im Handel erhältlich, so dass man entscheiden kann, welche Zubereitungsform man vorzieht. Im Zweifelsfall bitte die Packungsanleitung beachten, weil Couscous auch in verschiedenen Körnungen angeboten wird.

Couscous-Gewürzmischung
Ras el Hanout
Die Gewürzmischung *Ras el Hanout* besteht aus bis zu 35 verschiedenen, gemahlenen Gewürzen, die in nordafrikanischen Ländern gern zum Würzen von Couscous verwendet werden. In der Regel sind in *Ras el Hanout* vor allem Ingwer, Nelke, Zimt, Anis, Kurkuma, Muskatnuss und Muskatblüte, verschiedene Pfeffersorten, Kardamom, Kreuzkümmel, Fenchel und Galgant (eine Wurzel aus Indonesien) enthalten.

In Frankreich ist diese Gewürzmischung in den größeren Supermärkten erhältlich, bei uns findet man sie mitunter in türkischen Geschäften, in Supermärkten mit umfangreichem Gewürzsortiment, in Naturkost- und speziellen Gewürzläden sowie im Versandhandel.

Crème fraîche
Crème fraîche ist ein aus Kuhmilch hergestelltes Sauerrahmprodukt, das einen Mindestfettgehalt von 30 Prozent aufweisen muss. Zu ihrer Herstellung wird Rahm nur leicht mit Milchsäurebakterien versetzt. In den nachfolgenden 18 bis 40 Stunden reift die Crème fraîche in großen Tanks bei einer Durchschnittstemperatur von 20 bis 40 °C heran, wobei die Milchsäurebakterien den Milchzucker zu Milchsäure umwandeln. Durch die schonende Verarbeitung erhält die Crème fraîche ihren feinen, leicht säuerlichen Geschmack und ihre dickflüssige Konsistenz. Sie wird gerne zur Verfeinerung von Suppen und Saucen verwendet, denn sie flockt im Gegensatz zu flüssiger Sahne bei Zugabe in heiße Speisen nicht aus.

Da auch die französischen Konsumenten zunehmend auf Fettgehalt und Kalorien achten, haben sich in den letzten Jahren eine ganze Reihe von fettreduzierten *Crèmes fraîches légères* mit nur 5, 15 oder 18 Prozent Fettgehalt auf dem Markt etabliert. Bei diesen fettarmen Sorten sollte man jedoch genau das Etikett studieren, weil manche von ihnen durch den Einsatz von Gelatine ihre Festigkeit erlangen.

Garantiert ohne Zusätze ist die in dem Städtchen Isigny (Normandie) hergestellte *Crème fraîche d'Isigny*, die als einzige Crème fraîche das A.O.C.-Gütesiegel tragen darf und durch ihren Fettgehalt von 40 Prozent besonders ergiebig ist.

Wenn keine Crème fraîche zur Hand ist, können zwei Tassen Sahne mit einem Esslöffel mildem Weißweinessig versetzt werden.

Frischkäse
Fromage blanc
Fromage blanc ist ein cremiger Frischkäse, der in Fettgehaltstufen von null, zwanzig und vierzig Prozent angeboten wird. Vom Geschmack her und auch in der Weiterverwendung ähnelt er dem deutschen Speisequark. Der *Fromage blanc* ist jedoch, insbesondere wenn er den Zusatz »*onctueux*« trägt, wesentlich cremiger.

Wenn kein *Fromage blanc* zur Hand ist, kann man zwei Teile Speisequark mit einem Teil Naturjoghurt mischen oder nur Quark verwenden.

Gebackene Tomaten
Tomate confite
Im Backofen gebackene Tomaten gehören zu den Klassikern der südfranzösischen Küche und finden in Salaten, Gemüsebeilagen und als Füllung von herzhaften Tartes ihre Verwendung.

Ihre Zubereitung ist denkbar einfach, wenn auch etwas zeitaufwändig. Dennoch sollte man im Sommer, wenn frische, reife Flaschentomaten auf den Markt kommen, immer einen kleinen Vorrat von gebackenen Tomaten zur Verfügung haben. Wenn man einmal auf den Geschmack gekommen ist, sind sie meistens schneller aufgebraucht, als man gedacht hat. Wer einen Umluftherd besitzt, kann gleich mehrere Backbleche mit gebackenen Tomaten zubereiten.

Obwohl die gebackenen Tomaten für den alsbaldigen Gebrauch bestimmt sind, halten sie sich, wenn man sie in ein Schraubglas füllt und mit Olivenöl bedeckt, im Kühlschrank etwa drei Tage.

Rezept: Gebackene Tomaten

1 kg Flaschentomaten (oder andere, sehr aromatische Tomaten)
4 EL Olivenöl
3 EL Rotweinessig
2 EL fein gehackter Thymian
1 EL fein gehackter Rosmarin
4 – 5 Knoblauchzehen
2 TL Meersalz
frisch gemahlener schwarzer Pfeffer

- Die Tomaten halbieren und den grünen Strunk entfernen.
- Die Tomaten in eine große Schüssel geben und mit Olivenöl, Rotweinessig, Kräutern, gepresstem Knoblauch, Salz und Pfeffer vermischen (am besten mit den Händen). Etwa vier Stunden mit Frischhaltefolie abgedeckt an einem kühlen Ort ziehen lassen.
- Ein Backblech mit Backpapier auslegen und die Tomaten mit der Schnittfläche nach oben auf das Blech legen. Die Tomaten mit etwas von der Marinade beträufeln und bei geringer Temperatur (50 bis 70 °C) bis zu vier Stunden im Backofen backen.
- Während des Backvorgangs zieht sich das Fruchtfleisch zusammen und bekommt einen intensiveren Geschmack. Zum Ende der Backzeit sollten die Tomaten zwar etwas zusammengeschrumpft, aber immer noch fleischig und saftig sein. Die fertigen Tomaten vor der Weiterverwendung abkühlen lassen.

Gemüsebrühe
Bouillon de légumes

Gemüsebrühe gibt es auch in Frankreich als sofort lösliches Produkt in verschiedenen Qualitätsstufen zu kaufen. Diese Instantbrühe ist universell einsetzbar, zeitsparend und praktisch. Deshalb ist oft in Vergessenheit geraten, wie hausgemachte Brühe schmeckt. Wer den Vergleich sucht, wird nicht mehr so schnell auf das Industrieprodukt zurückgreifen und das bisschen Mehr an Zeit- und Arbeitsaufwand in Kauf nehmen. Zumal bei hausgemachter Brühe nur das herauskommt, was man vorher in den Topf gegeben hat.

Die Brühe lässt sich nach dem Abkühlen problemlos einfrieren und kann so auch auf Vorrat gekocht werden.

Wem es zu schade erscheint, das verwendete Gemüse nach dem Kochen einfach in der Biotonne zu entsorgen, kann nach dem Abgießen die Kräuter entfernen und das weich gekochte Gemüse mit dem Stabmixer fein pürieren. Mit Milch oder Sahne gestreckt und entsprechend gewürzt, kann es entweder als Cremesuppe oder als Sauce zu Reis oder Nudeln weiterverwendet werden.

Rezept: Hausgemachte Gemüsebrühe

1 große Stange Lauch
1 große Zwiebel
1 mittelgroße Zucchini
1 kleine Fenchelknolle
2 Karotten
2 Stangen Staudensellerie
3 Knoblauchzehen
2 kleine Zweige Rosmarin
2 kleine Zweige Thymian
2 kleine Zweige Petersilie
2 Lorbeerblätter
3 EL Olivenöl
1 ½ l Wasser
2 – 3 TL Meersalz

- Das Gemüse waschen, putzen und grob würfeln.
- Das Olivenöl in einem großen Topf erhitzen und das gesamte Gemüse sowie die Kräuter darin 4 bis 5 Minuten bei hoher Temperatur anschwitzen.
- Mit dem Wasser ablöschen, das Salz einstreuen und zum Kochen bringen. Die Temperatur reduzieren und gut eine Stunde köcheln lassen.
- Durch ein Sieb gießen und die Brühe auffangen. Nach Bedarf weiterverwenden.

Kichererbsen
Pois chiches
Die Kichererbse ist eine der ältesten Kulturpflanzen. Sie gehört zur Familie der Schmetterlingsblütler und wird den Hülsenfrüchten zugeordnet. Ihr

Name stammt vom lateinischen *cicer* (Erbse) ab. Die Samen der Kichererbse sind ernährungsphysiologisch sehr wertvoll, da sie wenig Fett, aber viel Eiweiß und viele Ballaststoffe sowie Vitamine des B-Komplexes und wertvolle Mineralstoffe enthalten.

In der Küche werden die getrockneten Samen der Kichererbse in gemahlenem oder gekochtem Zustand sowie als gekeimte und anschließend blanchierte Sprossen verwendet.

Vor dem Kochen müssen die getrockneten Kichererbsensamen mindestens zwölf Stunden kalt eingeweicht werden. Danach das Einweichwasser wegschütten und zum Kochen frisches Wasser verwenden, da rohe Kichererbsen giftige Stoffe enthalten.

Da die Kochzeit mit gut 90 Minuten sehr lang ist, werden Kichererbsen auch fertig gekocht angeboten. Sie werden als Eintopf, vegetarische Bratlinge, Paste oder Dip verarbeitet und harmonieren mit Reisgerichten und Couscous.

In der französischen Küche findet zudem Kichererbsenmehl Verwendung, das mit Wasser und Olivenöl zu einem Teig angerührt wird. Dieser wird nach dem Ausquellen entweder in Stücke geschnitten und in der Pfanne gebraten oder im heißen Backofen mit starker Oberhitze kurz ausgebacken.

Die getrockneten Samen erhält man im Reformhaus und im Naturkostfachgeschäft sowie in türkischen Lebensmittelgeschäften. Fertig gegarte Kichererbsen werden ebenfalls angeboten.

Kräuter der Provence
Herbes de Provence
Die südfranzösische Küche ist mit ihrer Vielfalt an Geschmacksrichtungen ohne die Kräuter der Provence undenkbar. Diese Kräutermischung besteht aus den Kräutern, die in der Provence wild gedeihen, also aus Thymian, Rosmarin, Lorbeer, Bohnenkraut oder Majoran. Sie können den Gerichten als frische Kräuter beigegeben werden, wobei die Menge und Zusammensetzung nach persönlichem Geschmack dosiert wird.

Die klassische Gewürzmischung der Kräuter der Provence besteht jedoch aus getrockneten und zerkleinerten Kräutern. Je nach Hersteller unterscheiden sich die Anteile der einzelnen Kräuter deutlich. Neben den fünf oben genannten Hauptkräutern werden manchmal noch Anis, Basilikum,

Fenchel, Estragon, Kerbel, Lavendel, Liebstöckel, Oregano, Salbei und Wacholder in kleineren Mengen zugefügt. Es empfiehlt sich, verschiedene Mischungen auszuprobieren, um den persönlichen Favoriten herauszufinden. Die getrockneten Kräuter der Provence müssen im Gegensatz zu frischen Kräutern länger mit den Speisen gegart werden, um ihr volles Aroma entfalten zu können.

Linsen
Lentilles

Obwohl Linsen Kulturpflanzen mit jahrtausendalter Tradition sind, gerieten sie auch in Frankreich in Vergessenheit oder wurden als »Armeleutekost« verschmäht. Seit dem Ende der achtziger Jahre erleben Linsen aber aufgrund eines wachsenden Interesses an gesunder und authentischer Ernährung eine Renaissance. In Frankreich finden vor allem drei Linsensorten Verwendung:

- **Grüne Du-Puy-Linsen aus der Auvergne** (*Lentilles vertes du Puy*) Auf den Hochplateaus von *Puy-en-Velay* in der Vulkanlandschaft der südöstlichen Auvergne gedeihen trotz der für den Linsenanbau nicht unproblematischen klimatischen Verhältnisse die grünblau gesprenkelten Puy-Linsen. Sie haben eine feste Konsistenz, ein feines Aroma und einen leicht süßlichen Geschmack. Man verwendet sie für Pürees, Bratlinge, Pasteten, in Aufläufen und Salaten.
- **Grüne Linsen aus dem Berry** (*Lentilles vertes du Berry*) Zwischen *Bourges* und *Chateauroux* in Zentralfrankreich wird eine weitere Sorte grüner Linsen angebaut. Sie sind wegen ihres feinen Aromas und des ein wenig an Kastanien erinnernden Geschmacks sehr beliebt und werden ähnlich wie die grünen Puy-Linsen verwendet.
- **Original Champagne-Linsen** (*Lentillon rosé de Champagne*) In den letzten Jahren haben sich die Edellinsen aus der *Champagne* in die Herzen der französischen Konsumenten und in ihre Kochtöpfe eingeschlichen. Selbst die größten Küchenchefs loben die kleinen, rötlich braunen Linsen mit dem feinen Aroma und der leicht mehligen Konsistenz in den höchsten Tönen. Besonders delikat schmecken sie in Salaten, als Bratlinge oder auch als Brotaufstrich verarbeitet.

Bei uns haben inzwischen einige der größeren Supermarktketten Du-Puy-Linsen und Champagne-Linsen in ihr Standardsortiment aufgenommen. Mit Sicherheit sind sie jedoch im Reformhaus oder im Naturkostladen in kontrolliert-biologischer Qualität vorrätig.

Maronen, Esskastanien
Châtaignes
Die Edel- bzw. Esskastanie gehört botanisch zu den Buchengewächsen und war ursprünglich in Kleinasien heimisch. Im Laufe der Jahrhunderte breitete sich die schmackhafte und nahrhafte Frucht vom Kaukasus bis nach Portugal in Regionen mit mildem Klima aus.

Die Römer führten die ersten Esskastanienbäume nach Südfrankreich ein. Dort gediehen die »Brotbäume« (*pain de la forêt*) in den sommertrockenen Regionen mit frostarmen Wintern in üppiger Fülle, so dass die Maronen als »Kartoffel des Südens« oder »Fleisch des armen Mannes« bezeichnet wurden. Noch heute befinden sich ausgedehnte Kastanienwälder in den *Cevennen*, auf *Korsika*, an der *Ardèche* und im *Périgord*.

Die gegarte Frucht wird in Frankreich in viele Speisen integriert, aus ihrem Mehl backt man Brot und Kuchen. Püriert wird sie zu Suppen und Süßspeisen verarbeitet.

Maronen werden zwischen September und Oktober geerntet und sollten nach dem Kauf schnell verbraucht werden. Dazu die Früchte entweder in kochendem Wasser oder in einer gusseisernen Pfanne garen. Für die schnelle Küche oder für die Verwendung außerhalb der beiden Erntemonate eignen sich vorgegarte und vakuumverpackte oder in Gläser abgefüllte Maronen. In Bio-Qualität werden sie vor allem in Naturkostläden und im Reformhaus angeboten.

Meersalz
Sel marin
In Frankreich wird zum Kochen und Würzen gern Meersalz verwendet; was nicht verwundert, wenn man bedenkt, dass schon seit mehr als tausend Jahren an den heimischen Küsten Salz geerntet wird. Heute konzentriert sich die Salzgewinnung auf drei Gebiete: Bei der Halbinsel *Guérande* in der südlichen Bretagne liegt das größte heute noch bewirtschaftete Salinengebiet. Weitere Salinen befinden sich auf der südlich der Loiremündung gele-

genen Halbinsel *Noirmoutier*. An der Mittelmeerküste wird in den Salinen der *Camargue* Salz geschöpft.

Das in Meeressalinen gewonnene Salz ist ein reines Naturprodukt, das traditionell von Hand geerntet wird. Nur so bleibt sein ganzer Reichtum an Mineralien und Spurenelementen und der einzigartige würzige Geschmack erhalten.

Man unterscheidet zwei Typen von Meersalz: das grobe *Gros sel* und das feine *Fleur de sel*. Die »Blume des Salzes« ist der Teil des Salzes, der sich in winzigen Salzkristallen an der Wasseroberfläche absetzt und mit viel Fingerspitzengefühl geerntet wird. Selbst in guten Sommern macht dieses strahlend weiße Meersalz nur vier Prozent der Gesamternte aus und ist entsprechend teuer. *Fleur de sel* wird vorwiegend zum Würzen von rohen Speisen verwendet und sollte beim Kochen erst am Ende zugegeben werden.

Das grobe Meersalz ist meistens noch etwas feucht und hat eine leicht graue Färbung. Sein würziger Geschmack gibt Suppen, Eintöpfen und Saucen eine besondere Note und bereichert das Kochwasser von Gemüse, Nudeln oder Reis.

Meersalz würzt anders als Industrie- oder Steinsalz, daher sollte man beim ersten Gebrauch etwas vorsichtig sein und sich im Umgang damit ein wenig üben.

In den Rezepten ab Seite 64 wird stets nur grobes Meersalz angegeben. Nach Belieben können Sie natürlich auch das hochwertigere *Fleur de sel* einsetzen. Bitte verwenden Sie dann jedoch weniger als die im Rezept angegebene Menge, weil *Fleur de sel* sehr intensiv würzt.

Grobes wie feines Meersalz gibt es in großer Auswahl im Reformhaus oder im Naturkostladen. Inzwischen steht es aber auch hierzulande in vielen Supermärkten bei den klassischen Gewürzzutaten.

Olivenöl
Huile d'olive

Von den fünf Olivenöl produzierenden Ländern der Europäischen Union (Spanien, Griechenland, Italien, Portugal, Frankreich) bildet Frankreich, was die jährlich produzierte Menge betrifft, zwar das Schlusslicht, kann aber in Bezug auf Qualität und Geschmack mit exzellenten Produkten auftrumpfen. In fünf Regionen werden in etwa 180 Ölmühlen jährlich knapp 2.500 Tonnen an hochwertigem Olivenöl hergestellt. Seit dem Beginn der neunziger Jahre hat sich mit der *Appellation d'Origine Contrôlée* (A.O.C) ein Qualitätsstandard durchgesetzt, mit dem die folgenden Olivenöle ausgezeichnet worden sind:

- *Huile d'olive de Nyons*
- *Huile d'olive de la Vallée des Baux de Provence*
- *Huile d'olive d'Aix-en-Provence*
- *Huile d'olive de Haute-Provence*
- *Huile d'olive de Nice*
- *Huile d'olive de Nîmes*
- *Huile d'olive de Corse*

Französische Olivenöle machen sich bei uns noch rar. Aus diesem Grund empfiehlt es sich, von der nächsten Reise nach Frankreich einen kleinen Vorrat mitzubringen. Viele der im südfranzösischen Raum verteilten Ölmühlen können sogar direkt besucht werden. Informationen zu den verschiedenen Öl produzierenden Regionen, Produkten und den Öffnungszeiten der Ölmühlen finden sich – leider nur in französischer Sprache – auf der Internetseite der *Association Française Interprofessionelle de l'Olive*.

Bei uns hat man in Feinkostläden, die sich auf südländische Produkte spezialisiert haben, am ehesten eine Chance, französische Olivenöle zu beziehen. Manche von ihnen haben sogar offene Öle im Angebot, so dass man sich die gewünschte Menge selbst abfüllen kann.

Sollte kein französisches Olivenöl zur Hand sein, kann selbstverständlich auch jedes andere hochwertige Olivenöl verwendet werden.

Passierte Tomaten
Coulis de tomates
Passierte Tomaten werden in der französischen Küche häufig zu Nudeln, Reis, für Aufläufe und als Verfeinerung von Suppen und Saucen verwendet. In Gläsern oder auch im Tetrapack sind sie in jedem französischen Supermarkt zu finden und meistens sogar von erstaunlich guter Qualität.

Geschmacklich und qualitativ unschlagbar ist und bleibt jedoch der hausgemachte *Coulis de tomates* nach einem Rezept, das wahrscheinlich schon die *Mamie*, die Großmutter, und viele Großmütter vor ihr gekannt haben. In diesem Sommerklassiker vereinen sich reife Tomaten, frische Gartenkräuter und ein Schuss bestes Olivenöl. Die Zusammensetzung und

der Anteil der Kräuter darf nach eigenem Geschmack gestaltet werden, die
hier angegebenen Mengen sind also nur als Hinweis zu verstehen.

Rezept: Tomaten-Coulis
1 kg reife Tomaten
2 Schalotten
2 Knoblauchzehen
2 EL Olivenöl
1 Lorbeerblatt
1 TL Roh-Rohrzucker
1 EL milder Rotweinessig
Meersalz
frisch gemahlener schwarzer Pfeffer
3 EL fein gehacktes Basilikum
je 2 EL fein gehackter Thymian, fein gehackter Majoran
je 1 EL fein gehackter Rosmarin, fein gehackter Oregano

- Die Tomaten mit kochend heißem Wasser überbrühen, abspülen und
  enthäuten. In sehr kleine Würfel schneiden.
- Die Schalotten und die Knoblauchzehen fein würfeln und im Olivenöl anschwitzen. Die gewürfelten Tomaten sowie das Lorbeerblatt, den
  Rohrzucker und Rotweinessig hinzufügen. Mit Salz und Pfeffer würzen
  und bei mittlerer Temperatur unter gelegentlichem Rühren etwa 40 Minuten einkochen lassen.
- Danach den Tomaten-Coulis im Mixbehälter der Küchenmaschine fein
  pürieren und die Masse durch ein Sieb streichen.
- Zurück in den Topf geben, die gehackten Kräuter unterrühren und
  nochmals zehn Minuten sanft köcheln lassen. Falls gewünscht, noch
  einmal mit Salz und Pfeffer abschmecken.
- Sollten die Tomaten sehr viel Saft abgeben, eventuell noch etwas Tomatenmark unterrühren.
- Nach Bedarf weiterverwenden.
- Tomaten-Coulis hält sich im Kühlschrank bis zu drei Tage, kann aber
  auch problemlos eingefroren werden.
- Wer mag, kann auf das Pürieren verzichten.

Wenn es jedoch einmal schnell gehen soll, kann man sich bei der Zubereitung von Rezepten, in denen passierte Tomaten verlangt werden, mit den hier bei uns erhältlichen Fertigprodukten behelfen. Um den typisch französischen Geschmack zu erreichen, sollte diesen während der Gar- oder Kochzeit ein Lorbeerblatt und noch etwas Basilikum hinzugefügt werden.

Rohkostplatte
Crudités
Vor einem reichhaltigen Menü werden in Frankreich gern *Crudités*, das heißt verschiedene rohe Gemüse- und Salatsorten als Rohkostplatte gereicht. Sie werden appetitlich angerichtet und mit verschiedenen Dips und Saucen serviert. Der Fantasie sind bei der Zusammenstellung der Rohkostplatten keine Grenzen gesetzt, man sollte sich von der Saison und dem eigenen Appetit leiten lassen.

Senf
Moutarde
Dijon, die Hauptstadt des Burgund, ist seit der Mitte des 17. Jahrhunderts das französische Zentrum der Senfproduktion. Seit 1937 garantiert ein Gütesiegel die spezielle Rezeptur, nach der der *Moutarde de Dijon* hergestellt wird.

Bei dem klassischen »Dijon-Senf« *(Moutarde de Dijon)* handelt es sich um einen hellen, scharfen Senf mit Weißweingeschmack, der vielen Gerichten eine pikante Schärfe verleiht.

Der grobkörnige »Senf nach altfranzösischer Art« *(Moutarde a l'ancienne)* enthält noch ganze Senfkörner und ist deshalb körniger. Vom Geschmack her ist er etwas würziger und milder als der Dijon-Senf.

Der »Senf nach Art der Provence« *(Moutarde provençale)* wird mit Knoblauch, rotem Paprika, Weißwein und Kräutern angereichert und gibt vielen mediterranen Gerichten den letzten Schliff.

Alle oben genannten Sorten sind in den meisten Naturkostläden und in gut sortierten Supermärkten erhältlich.

Köstliches Meeresgemüse
Algenzucht in der Bretagne

In den asiatischen Küstenländern werden Braun- und Rotalgen schon seit Jahrtausenden als gesunde und schmackhafte Ergänzung der Speisekarte verwendet. Auf den dicht bevölkerten Inseln, wo Ackerfläche und Erträge begrenzt waren, bot der Meeresboden eine willkommene Vergrößerung des heimischen Gemüsegartens.

In Europa wurden Meeresalgen über Jahrhunderte hinweg an den Küsten von Spanien, Irland, den Britischen Inseln sowie der Bretagne als Düngemittel und Viehfutter verwendet. Die industrielle Nutzung setzte im 18. Jahrhundert ein, als man erkannte, dass Algenasche reich an Natriumkarbonat (Soda) ist, das bei der Glasherstellung und Porzellanglasur benötigt wird. Als der französische Chemiker Bernard Courtois 1811 herausfand, dass aus der Asche von Braunalgen Jod gewonnen werden kann, entstanden zahlreiche Fabriken zur Algenverarbeitung auf bretonischem Boden. Bis in die späten dreißiger Jahre des vergangenen Jahrhunderts war die Jodgewinnung in der Bretagne ein bedeutender Wirtschaftsfaktor. Als andere, preiswertere Quellen zur Jodgewinnung erschlossen wurden, stellte man die Algenverarbeitung in der Bretagne ein.

Als Nahrungsmittel hatten Algen bis dahin kaum Bedeutung, obwohl die Rotalge Dulse von der ländlichen Bevölkerung und den Fischern schon seit Jahrhunderten als Würzmittel und als Anreicherung von Getreidebreien verwendet wird.

Heute sind Meeresalgen allgegenwärtig – meistens jedoch, ohne dass wir uns dessen bewusst sind. In industriell gefertigtem Speiseeis, in Suppen, Saucen, Joghurt, Pudding, Schlagsahne, in Marmelade und Margarine, aber auch in Salben, Lotionen, Zahnpasta und Medikamentenkapseln werden sie als Gelier- und Dickungsmittel sowie als Stabilisator eingesetzt.

Als bewusste Bereicherung des Speiseplans ist das Meeresgemüse erst wieder mit dem Fernosttrend in Form von Sushi-Rollen in das europäische Bewusstsein geschwappt. Die meisten zum direkten Verzehr bestimmten Algen stammen daher aus Japan. In den letzten Jahren hat Frankreich als Zentrum der europäischen Algenproduktion jedoch weit aufgeholt. In der Bretagne haben sich ein gutes Dutzend von maritimen Unternehmen auf die Zucht und Ernte von hochwertigen Bio-Algen spezialisiert. Die großen Gezeitenunterschiede, das klare, schadstoffarme und sauerstoffreiche Wasser bilden einen idealen Nährboden für ungetrübten Genuss aus dem Meer.

Erhältlich sind Algen in Naturkostläden, Reformhäusern und im Versandhandel.

Für Gesundheit und Wohlbefinden

Meeresalgen sind, bei richtiger Zubereitung, nicht nur schmackhaft, sondern gesund.

Ihnen wird blutdrucksenkende, blutreinigende, magen- und darmschützende, antivirale, antibakterielle und möglicherweise antikanzerogene Wirkung beschieden. Das Meeresgemüse enthält beachtliche Mengen an hochwertigem Eiweiß und Ballaststoffen sowie die Mineralstoffe Kalzium, Magnesium, Kalium, Phosphor und Eisen. Auch als Vitaminlieferanten sind Algen nicht zu unterschätzen, da sie eine ausgezeichnete Quelle für die Vitamine A, C und E sowie den B-Vitaminkomplex darstellen.

Zusätzlich können sie eine ausreichende Versorgung mit Jod sicherstellen. Dennoch sollte man auch hier des Guten nicht zu viel tun. Um Störungen der Schilddrüsenfunktion zu vermeiden, empfiehlt es sich, den entsprechenden Jodgehalt der verschiedenen Meeresalgen zu beachten und entsprechend vorsichtig zu dosieren. Personen mit einer Schilddrüsenüberfunktion sollten sich vor dem Verzehr von Meeresalgen mit ihrem Arzt beraten.

Speisealgen aus der Bretagne im Überblick

• Meerbohnen
Haricots de Mer (Himanthalia elongata)
Diese Braunalge, deren Blattwerk aus ein bis zwei Zentimeter breiten Streifen besteht, wächst an den Felsen der Küstengewässer. In ihrem Äußeren, im Geschmack und der Verwendung ähnelt sie stark den grünen Bohnen, von denen sie auch ihren Namen bezieht. Geerntet werden die Meerbohnen bei Niedrigwasser in der Zeit zwischen März und Juli. Ihr Jodgehalt ist, verglichen mit anderen Meeresalgen, sehr gering, wodurch sie bedenkenlos verzehrt werden können. Bemerkenswert ist der hohe Vitamin-C-Gehalt, der den von Orangen bei Weitem übertrifft.

Angeboten werden Meerbohnen meistens in gekochter Form und in Gläsern abgefüllt oder getrocknet. Zur Weiterverwendung müssen sie entweder nur kurz unter fließendem Wasser abgebraust oder 5 Minuten in lauwarmem Wasser eingeweicht werden. Sie finden in Suppen, Salaten, in Verbindung mit Hülsenfrüchten oder auch Nudeln Verwendung.

• **Meereslattich, Meersalat**
Laitue de Mer (Ulva lactuca)
Der Meereslattich ist eine Grünalge, die im Flachwasserbereich der Küsten und im nährstoffreichen Brackwasser gedeiht. Geerntet werden die 10 bis 50 Zentimeter langen Blätter zwischen März und Juli sowie im September und Oktober. Frisch erinnert Meereslattich an grünen Salat und kann ähnlich verwendet werden. In getrockneter Form kann er Suppen, Saucen, Omelettes, aber auch Gebäck zugesetzt werden. Dazu den Meereslattich nur 5 Minuten einweichen, dann abtropfen lassen und nach Bedarf zerkleinern. Soll er gekocht werden, reichen 5 Minuten Kochzeit aus.

• **Dulse**
Dulse (Palmaria palmata)
Die Rotalge Dulse wird in der Bretagne schon seit Jahrhunderten gegessen. Sie ist im Nordatlantik heimisch und gedeiht im kalten Wasser überall in den Gezeitenzonen. Die rot-violetten Blätter erreichen eine Länge von 20 bis 30 Zentimetern und öffnen sich wie die Finger einer Hand. Die Erntezeit reicht von Februar bis Juli.
Dulse hat, wie alle Rotalgen, einen relativ geringen Jodgehalt, ist aber besonders reich an Eisen, Fluor und B-Vitaminen. Sie wird kurz eingeweicht und gekocht oder roh als Salatbeilage gegessen. In der Bretagne wird Dulse auch gern trocken geröstet, zerkrümelt und verschiedenen Getreidegerichten beigefügt.

• **Wakamé**
Wakamé (Undaria pinnatifida)
Die Braunalge Wakamé stammt aus Japan und wurde vor gut zehn Jahren erfolgreich in die Bretagne eingeführt. Die Algen wachsen an einem Tau, das einen Meter unter der Wasseroberfläche verlegt wird. Geerntet werden die Algenblätter im Frühjahr, wenn sie eine Länge von etwa einem Meter

erreicht haben. Während andere Braunalgen relativ viel Jod enthalten, ist bei Wakamé mit etwa zehn Milligramm pro 100 Gramm Trockensubstanz die Gefahr einer Jodüberdosierung deutlich geringer. Auf Grund ihres hohen Kalziumgehaltes ist diese Alge besonders für all diejenigen interessant, die Milchprodukte nicht vertragen oder vermeiden wollen. Wakamé wird kurz eingeweicht und in Suppen oder Salaten verwendet.

• **Kombu**

Kombu Breton (Laminaria digitata)
Die Braunalge Kombu gedeiht in großen Tiefen mit gemäßigter Strömung und Temperatur. Auf dem Meeresgrund bildet sie dichte Wälder, wobei die dunkelbraunen Stängel zwar nur sechs bis zehn Zentimeter breit sind, aber bis zu hundert Meter lang werden können. Kombu weist zwar von allen Braunalgen den höchsten Jodgehalt auf, enthält allerdings auch die meisten Mineralstoffe und Vitamine. Gibt man Gerichten aus Hülsenfrüchten einen kleinen Streifen Kombu hinzu, werden diese durch die in Kombu enthaltene natürliche Glutaminsäure besser verdaulich.

Die dunkelbraunen Streifen kommen getrocknet in den Handel und werden für die Zubereitung zuerst zehn Minuten eingeweicht und dann erhitzt, aber nicht gekocht. Danach können sie als Gewürz oder Suppeneinlage verwendet oder auch frittiert werden. Kombu hat einen sehr intensiven Meergeschmack.

Hinweise zu den Rezepten

Soweit nicht anders angegeben, sind die Rezepte für **vier Personen** berechnet. Eine Ausnahme hiervon bilden die Tartes, ob süß oder salzig, die für eine handelsübliche Springform oder eine französische Tarteform mit 28 Zentimetern beziehungsweise 27 Zentimetern Durchmesser ausgelegt sind.

Verwendete Abkürzungen:

EL = Esslöffel
TL = Teelöffel
MSP = Messerspitze
ml = Milliliter
l   = Liter
g   = Gramm
kg = Kilogramm

Menge der Gewürze

Die Angaben zu der Menge der verwendeten Gewürze und Zwiebeln sind Durchschnittswerte.

Prüfen Sie bitte im Einzelfall, was Ihnen schmeckt und bekommt und wie viel Sie davon verwenden möchten.

Die französische Küche verwendet gern und reichlich Knoblauch, was in unserem deutschen Kulturkreis mitunter zu (Atem-)Irritationen führen kann. Entscheiden Sie bitte selbst, wie viel Knoblauch für Sie vertretbar ist. Falls Ihr Umfeld empfindlich auf den Knoblauchgeruch reagiert, hier ein paar Tipps von französischen Küchenprofis:

- Während oder nach dem Knoblauchgenuss reichlich frische Petersilie kauen. Das Öl in den Stängeln bindet die Geruchsstoffe.
- Eine Kaffeebohne oder Kardamomsamen zerkauen.
- Die Hände mit grobem Meersalz oder frisch gepresstem Zitronensaft einreiben.

Zu den Backtemperaturen

Alle angegebenen Backtemperaturen gelten, sofern nicht anders angegeben, für Elektroöfen mit Umluftfunktion. Bei Gasbacköfen oder Elektroöfen ohne Umluft bitte die Angaben des Herstellers beachten und die entsprechende Temperatur aus der Bedienungsanleitung entnehmen und entsprechend anpassen.

Bei Angabe der Garzeiten wird von einem vorgeheizten Backofen ausgegangen.

Die Verwendung von Wein und anderer alkoholischer Getränke

Für die Franzosen ist die französische Küche ohne die Verwendung ihrer Weine oder anderer im Land produzierter Alkoholika beinahe undenkbar. Deshalb habe ich bei vielen Rezepten einen entsprechenden Vorschlag angefügt, der einen bestimmten Wein zu einem bestimmten Gericht empfiehlt. Selbstverständlich steht es Ihnen frei, eine andere Weinsorte oder ein alkoholfreies Getränk zu wählen.

In einigen Rezepten werden Wein oder Cognac, Armagnac oder Schnäpse zum Würzen verwendet. Soweit möglich habe ich versucht, in diesem Fall alkoholfreie Alternativen anzubieten.

Kalte Vorspeisen
Entrées froides

Artischocken mit Vinaigrette
Artichauts à la vinaigrette

4 große bretonische Artischocken
Saft einer Zitrone
Salz
4 EL Weißweinessig
½ Bund Petersilie
½ Bund Schnittlauch
1 Schalotte
2 EL fein gehackter Basilikum
2 TL mittelscharfer Senf
1 TL scharfer Dijon-Senf (Moutarde de Dijon)
1 EL Himbeeressig
1 EL Apfelessig
1 – 2 TL Roh-Rohrzucker oder Honig
10 EL Wasser
6 EL Sonnenblumenöl
3 EL Olivenöl
Meersalz
frisch gemahlener schwarzer Pfeffer

- Von den Artischocken Stiel und Spitzen abschneiden. Mit einer Schere die äußeren, harten Blütenblätter entfernen, so dass die zarten Innenblätter zum Vorschein kommen. Von den anderen Blättern die Spitzen abschneiden. Vom Artischockenboden aus das struppige »Heu« mit einem Messer oder scharfkantigen Löffel herauslösen, so dass ein Hohlraum entsteht.
- Die Schnittstellen sofort mit Zitronensaft einreiben, um Verfärbungen zu vermeiden.
- Die Artischocken in leicht gesalzenem und mit Essig versehenem Wasser etwa 30 Minuten bissfest garen. Die Artischocken sind gar, wenn man an einem Blütenblatt zieht und dieses sich löst.

- Die Artischocken in ein Sieb geben und abkühlen lassen.
- In der Zwischenzeit die Petersilie und den Schnittlauch kurz abbrausen und trockentupfen. Die Petersilie fein hacken, den Schnittlauch in feine Röllchen schneiden.
- Die Schalotte sehr fein würfeln.
- Die Schalotte sowie die fein gehackten Kräuter mit dem Senf, Essig, Roh-Rohrzucker und dem Wasser verrühren.
- Nach und nach das Öl dazugeben und so lange rühren, bis die Vinaigrette cremig ist. Mit Salz und Pfeffer abschmecken.
- Artischockenblätter Blatt für Blatt abziehen, das fleischige Ende in die Vinaigrette tunken und auslutschen. Zum Schluss den Artischockenboden mit Vinaigrette beträufeln und als kulinarisches »Herzstück« verzehren.

☐ Tipp: Die Artischocken niemals in einem Aluminiumtopf kochen, da Aluminium mit den Inhaltsstoffen der Artischocke reagiert und oxidiert!

Auberginenkaviar
Caviar d'aubergines

2 mittelgroße Auberginen
2 Fleischtomaten
3 Schalotten
2 – 3 Knoblauchzehen
20 schwarze Oliven
1 EL fein gehackter Oregano
2 EL Olivenöl
1 MSP gemahlener roter Pfeffer
(vorzugsweise Piment d'Espelette aus dem Baskenland)
Meersalz

■ Die Auberginen waschen und trockentupfen, dann mit einer Gabel mehrmals in die Haut einstechen. Im Backofen bei 200 °C etwa 15 bis 20 Minuten garen, bis sie weich sind.
■ Die Auberginen in ein feuchtes Küchentuch einschlagen und etwas abkühlen lassen.
■ In der Zwischenzeit die Fleischtomaten mit kochend heißem Wasser überbrühen, kurz abschrecken und enthäuten. Das Fruchtfleisch fein würfeln.
■ Die Schalotten und die Knoblauchzehen sehr fein hacken, die Oliven entkernen und ebenfalls fein würfeln.
■ Die Haut von den Auberginen schälen, die Kernstränge entfernen und das Fruchtfleisch klein hacken. Mit den fein gehackten Schalotten, Knoblauchzehen und Oliven vermengen, den Oregano und das Öl darübergeben und mit Meersalz und rotem Pfeffer herzhaft abschmecken.
■ Etwa eine Stunde ziehen lassen und mit heißem, frischem Toast oder geröstetem Knoblauchbrot servieren.

□ Zu dieser sommerlichen Vorspeise mundet entweder ein fruchtiger, gut gekühlter Rosé aus der Provence oder ein roter, trockener Côtes du Lubéron.

Eier-Auberginen-Terrine
Pain de caviar d'Aubergines

Falls noch Reste vom Auberginenkaviar im Kühlschrank zu finden sind, lässt sich daraus im Handumdrehen eine weitere Vorspeise zaubern:

6 Eier
2 EL fein gehacktes Basilikum
3 EL Crème fraîche
etwa 400 g Auberginenkaviar
Meersalz
frisch gemahlener weißer Pfeffer
etwas Butter oder Öl für die Backform
nach Belieben schwarze Oliven, Artischockenböden,
    Tomaten und rote Zwiebeln

- Die Eier mit einem Schneebesen wie zu einer Omelette schaumig schlagen, dann das Basilikum, die Crème fraîche und den Auberginenkaviar unterrühren. Mit Salz und Pfeffer abschmecken.
- Die Eiermasse in eine gefettete Kastenform geben und bei 200 °C etwa 35 Minuten backen, bis die Oberfläche leicht zu bräunen beginnt.
- Abkühlen lassen (am besten über Nacht), auf einen Servierteller stürzen und zusammen mit schwarzen Oliven, marinierten Artischockenböden, Tomatenvierteln und in hauchdünne Ringe geschnittenen roten Zwiebeln servieren.

☐ Da es sich bei der Terrine um eine typische Vorspeise aus dem sonnigen Süden Frankreichs handelt, harmoniert fast jeder trockene, fruchtige Rosé, sei es aus der Provence, dem Golfe du Lion oder dem Midi.

Bibbeleskäs nach Elsässer Art
Fromage blanc à l'Alsacienne

1 Hand voll Schnittlauch
1 Hand voll Petersilie
1 Hand voll Kerbel
1 Hand voll Sauerampfer
*   oder Gartenkräuter nach Saison*
1 mittelgroße Zwiebel
1 Knoblauchzehe
500 g Fromage blanc (40 %)
*   ersatzweise Speisequark*
200 g Crème fraîche
Meersalz
frisch gemahlener schwarzer Pfeffer

- Die Kräuter abbrausen, trockentupfen und fein hacken.
- Die Zwiebel und den Knoblauch fein würfeln.
- Die Kräuter, Zwiebel und den Knoblauch mit dem Fromage blanc und der Crème fraîche verrühren. Mit Salz und Pfeffer nach Geschmack würzen.

☐ Zu knusprigem Holzofenbrot oder auch zu Pellkartoffeln servieren und, je nach Saison, mit einem Glas Federweißer oder Sylvaner genießen.

Blattsalat mit geschmolzenem Ziegenkäse
Salade au chèvre chaud

4 Hand voll Blattsalat, z. B. Eichblattsalat
4 Hand voll Friséesalat (krause Endivie)
2 Hand voll fein geraspelter Rotkohl
12 Cherry-Tomaten
Vinaigrette klassisch (s. S. 134)
12 Scheiben Vollkorntoast
4 kleine, runde Ziegenweichkäse (Crottins de chèvre)
frisch gemahlener schwarzer Pfeffer
1 EL fein gehackter Thymian
12 TL Olivenöl

- Den Salat waschen, trockenschleudern und auf vier Teller verteilen. Den geraspelten Rotkohl darüberstreuen.
- Die Cherry-Tomaten halbieren und ebenfalls auf den Salat geben.
- Mit der Vinaigrette beträufeln.
- Die Vollkorntoastscheiben auf eine schnittfeste Unterlage geben und zwölf runde Scheiben, die ein bis zwei Zentimeter größer als der Ziegenkäse sind, ausschneiden (funktioniert bei noch weichem Toast am besten mit einem umgestülpten Wasserglas). Die Scheiben im Backofen leicht anrösten.
- Den Ziegenweichkäse horizontal in drei gleichmäßige Scheiben schneiden. Auf jede Toastscheibe eine Ziegenkäsescheibe geben. Den Ziegenkäse mit Pfeffer und etwas Thymian bestreuen und pro Scheibe mit einem Teelöffel Olivenöl beträufeln.
- Den Toast etwa zehn Minuten im heißen Grill gratinieren, bis die Oberfläche braun wird und der Käse leicht zu verlaufen beginnt.
- Die Ziegenkäse-Toast-Scheiben auf den angemachten Salat geben und sofort servieren.

☐ Dazu mundet ein leicht gekühlter Sauvignon Blanc von der Loire, z. B. ein Sancerre.

Eingelegter Fenchel
Confit de fenouil

2 mittelgroße Fenchelknollen
2 EL Olivenöl
2 Knoblauchzehen
2 EL Zitronensaft
1 TL Meersalz
1 EL fein gehackter Thymian
2 EL fein gehackter Basilikum
frisch gemahlener weißer Pfeffer
Olivenöl

- Den Fenchel waschen, die Stiele und den harten Strunk entfernen, dann in Würfel zerteilen.
- Das Olivenöl erhitzen und die Fenchelwürfel darin kurz anschwitzen, dann die Temperatur etwas reduzieren.
- Die Knoblauchzehen durch eine Presse drücken und zusammen mit dem Zitronensaft und dem Salz zu dem Fenchel geben. Unter gelegentlichem Rühren bei mittlerer Temperatur etwa 20 Minuten schmoren, bis der Fenchel weich ist.
- Den Thymian und das Basilikum unterrühren und mit Pfeffer abschmecken.
- Den Fenchel-Confit in kleine Tontöpfe oder Glasschälchen geben und etwa halb fingerdick mit Olivenöl bedecken.
- Eine Nacht im Kühlschrank ziehen lassen und mit knusprigem Baguette oder geröstetem Knoblauchbrot servieren.
- Im Kühlschrank hält sich der Fenchel-Confit etwa eine Woche.

Geeiste Melonensuppe
Soupe de melon glacée

4 kleine Cavaillon-Melonen (à 500 g)
  ersatzweise Charentais-, Cantaloup- oder sehr kleine Galia-Melonen
4 Scheiben Vollkorntoast
Saft 1 Zitrone
4 EL Olivenöl
2 TL Meersalz
12 Blätter Zitronenmelisse
6 Blätter Basilikum
200 ml Sahne
2 MSP gemahlener roter Pfeffer
frisch gemahlener weißer Pfeffer

■ Die Melonen vor der Verwendung im Kühlschrank gut durchkühlen lassen.
■ Von den Melonen einen Deckel abschneiden, die Kerne entfernen und das Fruchtfleisch mit einem Melonenausstecher oder einem Löffel auskratzen. Dabei die Schale der Melonen nicht verletzen.
■ Den Vollkorntoast in grobe Würfel schneiden.
■ Das Fruchtfleisch in den Mixbehälter der Küchenmaschine geben und zusammen mit den Brotwürfeln, dem Zitronensaft, dem Olivenöl, Meersalz und den Kräutern sehr fein pürieren.
■ Danach die Sahne und den roten Pfeffer unterrühren und mit etwas weißem Pfeffer abschmecken.
■ Die Suppe in die ausgehöhlten Melonen füllen, den Deckel aufsetzen und nochmals eine halbe Stunde im Kühlschrank ziehen lassen.
■ Vor dem Servieren die Suppe noch einmal kurz durchrühren.

»Gebadetes Brot« aus Nizza
Pan Bagnat

200 g grüne Bohnen
Salz
4 hart gekochte Eier
4 Tomaten
4 Frühlingszwiebeln
2 rote Paprika
2 Stangen Staudensellerie
½ Salatgurke
32 schwarze Oliven
4 EL fein gehackte Petersilie
2 EL fein gehackter Basilikum
2 EL fein gehackter Schnittlauch
6 EL Olivenöl
2 EL Sherry- oder Rotweinessig
Meersalz
frisch gemahlener schwarzer Pfeffer
4 kleine, runde »pan bagnat« Brote
*   ersatzweise 2 Baguettes (à 250 g)*
8 EL Olivenöl
4 Knoblauchzehen
8 Salatblätter

■ Die grünen Bohnen in etwas Salzwasser garen, bis sie weich, aber noch bissfest sind. Mit kaltem Wasser abschrecken und gut abtropfen lassen.

■ Die Eier, Tomaten und Frühlingszwiebeln in Scheiben, die Paprika in feine Streifen schneiden.

■ Den Staudensellerie würfeln und die Salatgurke in feine Scheibchen hobeln. Die Oliven entkernen. Zusammen mit den grünen Bohnen und dem anderen Gemüse in eine Salatschüssel geben. Die fein gehackten Kräuter darüberstreuen.

■ Aus Olivenöl und Essig eine Salatsauce anrühren, mit Salz und Pfeffer abschmecken und über das Gemüse träufeln. Gut vermischen und etwa 15 Minuten ziehen lassen.

- Das Brot aufschneiden und jede Hälfte mit einem Esslöffel Olivenöl beträufeln. Den Knoblauch halbieren und die Brothälften damit abreiben.
- Auf jede der unteren Brothälften zwei Salatblätter geben, eine Portion Bohnensalat und jeweils ein in Scheiben geschnittenes Ei darauf verteilen.
- Das Brot zusammenklappen und sofort servieren.

Pan Bagnat ist ein Begriff aus dem Dialekt, den man in Nizza und Umgebung spricht, und bedeutet auf Französisch »*Pain mouillé*«, also ein in Olivenöl »gebadetes« Brot.

Die Zutaten entsprechen denen des ebenso bekannten Nizzasalates *(Salade niçoise)*, nur dass beim *Pan Bagnat* die Salatschüssel in Form eines runden Brotes gleich mitgeliefert wird.

Früher war der *Pan Bagnat* der klassische Morgenimbiss der Fischer und Hafenarbeiter, heute ist er sowohl bei den Einwohnern von Nizza als auch bei den Touristen gleichermaßen beliebt. Aus diesem Grund gibt es in der Stadt unzählige Bäckereien und Imbissstände, an denen das gefüllte Brot angeboten wird. Die, die sich seinem Genuss hingeben, unterteilt man traditionell in Geübte und weniger Geübte. Letztere sind leicht durch Saucenflecken auf Hemd oder T-Shirt auszumachen …

Neben den oben aufgeführten Zutaten kann der *Pan Bagnat* noch zarte Dickebohnenschösslinge, grüne Paprika, frische Baby-Artischocken oder Radieschen enthalten. Gekochte Kartoffeln oder allgemein gekochtes Gemüse sowie Mayonnaise haben im *Pan Bagnat* nichts zu suchen und sind eine billige und wenig schmackhafte Kopie, die man weiter im Norden von Frankreich des Öfteren in den vorzugsweise von Touristen frequentierten Snack-Bars vorfindet. Also Augen auf beim *Pan Bagnat-Kauf* – oder besser gleich selber machen!

Lauwarmer Linsensalat mit Austernpilzen und Walnüssen
Salade de lentillons aux pleurotes en forme d'huître et aux noix

250 g Champagne-Linsen (Lentillon rosé de Champagne)
1 Prise Salz
200 g Austernpilze
1 Knoblauchzehe
1 Schalotte
1 EL Butter
100 g geschälte und grob gehackte Walnüsse
2 EL fein gehackte Petersilie
1 EL fein gehackter Estragon
1 EL fein gehackter Kerbel
Meersalz
frisch gemahlener schwarzer Pfeffer
3 EL milde Sojasauce
2 EL Rotweinessig
4 EL Wasser
1 TL Honig
3 EL Walnussöl
1 EL Rapsöl
frisch gemahlener schwarzer Pfeffer
16 große Chicoréeblätter

- Die Linsen in reichlich Wasser bissfest kochen, erst kurz vor Ende der Kochzeit eine Prise Salz hinzufügen. In ein Sieb geben, gut abtropfen lassen, dann zurück in den Topf füllen und den Deckel auflegen, damit die Linsen warm bleiben.
- In der Zwischenzeit die Austernpilze mit feuchtem Küchenkrepp säubern, die Stiele abschneiden und die Pilzhüte würfeln.
- Die Knoblauchzehe und Schalotte fein hacken und in einer Pfanne in der Butter anschwitzen. Die Austernpilze dazugeben und ebenfalls 4 bis 5 Minuten anschwitzen. Die Walnüsse und die Kräuter unterrühren, mit Salz und Pfeffer abschmecken. Den Herd abschalten, aber die Pfanne auf der warmen Kochplatte behalten.

- Für die Vinaigrette die Sojasauce mit Rotweinessig, Wasser und Honig verrühren, bis der Honig sich ganz aufgelöst hat. Das Öl untermischen und mit Pfeffer würzen.
- Pro Portion vier Chicoréeblätter sternförmig auf einem Teller platzieren.
- Die Linsen darauf verteilen und mit zwei Dritteln der Vinaigrette beträufeln.
- Die Austernpilze auf die Linsen geben, den Rest der Vinaigrette darüber verteilen.

☐ Mit knusprigem Bauernbrot sowie einem Pinot Noir aus dem Burgund oder einem würzigen Fronsac (Bordeaux) servieren.

Mehrfarbige Schichtenomelette
Milles-Feuilles d'Omelettes

Für die Schichtenomelette werden fünf kleine Omelettes, die mit unterschiedlichen Würzzutaten angereichert worden sind, aufeinander geschich-
tet und während des Kühlvorgangs gepresst, so dass sie zum Servieren in
mundgerechte Würfel geschnitten werden können.

Grundzutaten:
5 x 2 Eier
Meersalz
frisch gemahlener schwarzer Pfeffer

- Jeweils zwei Eier getrennt in verschiedene kleine Rührschüsseln schlagen, mit Salz und Pfeffer würzen und schaumig rühren.
- Für die verschiedenen Geschmacksrichtungen werden verwendet:

Zwiebel und Knoblauch
1 fein gehackte kleine Zwiebel
1 fein gehackte Knoblauchzehe
2 EL Butter

- Die Zwiebel und die Knoblauchzehe in einem Esslöffel Butter anschwitzen, dann einen weiteren Esslöffel Butter in der Pfanne schmelzen lassen
  und die Eiermasse darübergießen. Die Omelette von beiden Seiten ausbacken.

Paprika
½ sehr fein gehackte rote Paprika
1 TL mildes Paprikapulver
1 EL Butter

- Die Paprikawürfel und das Paprikapulver mit den schaumig geschlagenen Eiern verrühren und die Omelette in einem Esslöffel Butter ausbacken.

Geschmorte Tomate
1 kleine Tomate
2 EL Butter
2 EL Tomatenmark

■ Die Tomate mit kochend heißem Wasser überbrühen, kurz abschrecken und enthäuten. Sehr fein würfeln und in einem Esslöffel Butter schmoren, bis das Fruchtfleisch zerfällt.

■ Tomatenwürfel und Tomatenmark mit den schaumig geschlagenen Eiern verrühren und die Omelette in einem Esslöffel Butter ausbacken.

Gartenkräuter
2 EL fein gehacktes Basilikum
2 EL fein gehackte Petersilie
1 EL fein gehackter Kerbel
1 EL fein gehackter Estragon
1 EL Butter

■ Die Kräuter mit den schaumig gerührten Eiern vermischen und die Omelette in einem Esslöffel Butter ausbacken.

Reibekäse
4 EL fein geraspelter Emmentaler oder Comté
4 EL Sahne
1 EL Butter

■ Den geraspelten Emmentaler und die Sahne mit den schaumig geschlagenen Eiern verrühren und die Omelette in einem Esslöffel Butter ausbacken.

■ Die Omelettes auf einem großen Teller oder einer Servierplatte aufeinander schichten. Obenauf einen zweiten Teller legen und mit einem Gewicht (z. B. Konservendosen) beschweren.

■ Die Schichtenomelette mindestens zwei Stunden im Kühlschrank ruhen lassen. Dann in mundgerechte Würfel schneiden, in jeden Würfel einen Zahnstocher stecken und servieren.

Tartar aus Roter Bete mit angemachtem Ziegenkäse
Tartare de betteraves rouges au fromage de chèvre

4 kleine Rote Bete
4 Hand voll Feldsalat oder Friséesalat
1 Bund Petersilie
16 dünne Scheiben von einer Ziegenkäserolle (Bûchette de Chèvre)
Meersalz / frisch gemahlener schwarzer Pfeffer
16 TL Olivenöl
1 kleine rote Zwiebel
4 TL mild eingelegte Kapern
2 EL milder Rotweinessig
3 EL Mayonnaise
3 TL Senf nach altfranzösischer Art (Moutarde à l'ancienne)
1 TL Roh-Rohrzucker
8 EL grob gehackte Walnüsse

- Die Rote Bete abbürsten, dann in kochendem Wasser etwa eine Stunde weich kochen. Die Rote Bete in ein Sieb geben und abkühlen lassen.
- Salat waschen, putzen, trockenschleudern und beiseite legen. Ein paar Blättchen Petersilie zur Dekoration entnehmen, den Rest fein hacken.
- Jeweils vier Scheiben Ziegenkäse auf dem äußeren Rand eines großen Tellers verteilen, mit etwas Salz und Pfeffer bestreuen und jede Scheibe mit einem Teelöffel Olivenöl beträufeln. Während der weiteren Zubereitungszeit ziehen lassen.
- Die abgekühlte Rote Bete schälen und fein würfeln.
- Die Zwiebel sowie die Kapern fein hacken und zusammen mit der Petersilie und dem Rotweinessig mit den Rote-Bete-Würfeln vermischen. Die angemachte Rote Bete dann in zwei Portionen aufteilen.
- Die eine Hälfte der Roten Bete mit der Mayonnaise vermischen. Die zweite Hälfte der Roten Bete mit dem Senf und dem Rohrzucker vermischen.
- Beide Portionen mit Salz und Pfeffer abschmecken.
- Den Feldsalat portionsweise in die Mitte eines jeden Tellers geben. Die angemachte Rote Bete in zwei Häufchen darauf verteilen, mit jeweils zwei Esslöffeln Walnüssen und ein paar Blättchen Petersilie bestreuen und sofort servieren.

Zucchinipastete
Flan de courgettes

½ Bund Schnittlauch
4 kleine Zucchini
2 Zwiebeln
2 EL Olivenöl
4 Eier
2 TL Meersalz
frisch gemahlener weißer Pfeffer
2 TL getrocknete Kräuter der Provence

- Den Schnittlauch abbrausen, trockentupfen und in feine Röllchen schneiden.
- Die Zucchini waschen, trockentupfen und die Enden entfernen. Dann die Zucchini der Länge nach in schmale Scheiben schneiden.
- Die Zwiebeln fein hacken und im heißen Olivenöl anschwitzen.
- Die Zucchini dazugeben und unter häufigem Rühren so lange garen, bis sie noch gut bissfest sind.
- Die Eier wie zu einer Omelette aufschlagen, Salz, Pfeffer, die Kräuter der Provence und den Schnittlauch unterrühren.
- Eine Kastenform mit Backpapier auslegen und die angedünsteten Zucchini und Zwiebeln darin in Längsrichtung verteilen. Die Eiermasse darübergießen.
- Im Backofen bei 200 °C etwa 45 Minuten backen, bis die Eiermasse stockt und die Oberfläche leicht gebräunt ist.

☐ Die Pastete abkühlen lassen und mit einer Vinaigrette, mit Aïoli oder auch einer Kräuter-Joghurt-Sauce sowie mit einem weißen Cassis oder einem Bandol Rosé servieren.

Warme Vorspeisen
Entrées chaudes

Gemüse-Pissaladière mit Oliven
Pissaladière aux légumes et aux olives

300 g Weizenmehl (Type 1050)
1 TL Meersalz
150 g Fromage blanc (fettarm)
ersatzweise Magerquark
6 EL Olivenöl
50 ml kaltes Wasser
4 weiße Zwiebeln
1 mittelgroße Zucchini
1 kleine Fenchelknolle
1 kleine Aubergine
4 EL Olivenöl
Meersalz
frisch gemahlener schwarzer Pfeffer
20 schwarze Oliven
2 EL fein gehackter Thymian
Olivenöl nach Geschmack

- Das Mehl mit dem Salz vermischen.
- In das Mehl eine Mulde drücken, den Fromage blanc und das Olivenöl hineingeben und rasch mit dem Mehl vermischen. Nach und nach das kalte Wasser dazugeben und alles zu einem geschmeidigen Teig verkneten.
- Den Teig zu einer Kugel formen, in Frischhaltefolie wickeln und mindestens für eine halbe Stunde im Kühlschrank ruhen lassen.
- In der Zwischenzeit die Zwiebeln in feine Ringe schneiden.
- Zucchini, Fenchelknolle und Aubergine putzen und in feine Streifen schneiden.

- Das Olivenöl in einer hochwandigen Pfanne erhitzen und zuerst die Zwiebeln anschwitzen. Dann nach und nach zuerst den Fenchel, dann die Aubergine und zum Schluss die Zucchini hinzufügen. Bei mittlerer Temperatur und unter häufigem Rühren etwa 15 Minuten bissfest garen. Dann herzhaft mit Salz und Pfeffer abschmecken.
- Die Oliven halbieren und entkernen.
- Den Teig zu einem Rechteck ausrollen und auf ein mit Backpapier ausgelegtes Backblech legen. Die Ränder hochziehen und den Boden mit einer Gabel mehrmals einstechen.
- Das Gemüse auf den Teig geben, die Oliven darauf verteilen und mit dem Thymian bestreuen.
- Im vorgeheizten Backofen bei 200 °C etwa 20 bis 25 Minuten backen.
- Falls gewünscht, noch mit etwas Olivenöl beträufeln und sofort servieren.

☐ Da die Pissaladière ihren Ursprung in der Region von Nizza hat, bietet es sich an, dazu einen fruchtigen Rosé von den Côtes de Provence zu genießen.

Blätterteig-Tarte mit Äpfeln und Käse
Feuilleté aux pommes et à deux fromages

Butter für die Tarteform
275 g frischer Blätterteig
   ersatzweise tiefgekühlt und aufgetaut
1 großer Apfel oder 2 kleine Äpfel
Meersalz
Knoblauchpfeffer
100 g Pyrenäen- oder Raclettekäse
100 g weicher Blauschimmelkäse (z. B. aus Bresse)
6 EL gehackte Walnüsse

- Eine gefettete Tarteform mit dem Blätterteig auskleiden.
- Den Apfel in feine Spalten schneiden und kreisförmig auf dem Blätterteig anordnen.
- Mit Salz und Knoblauchpfeffer würzen.
- Den Pyrenäenkäse in längliche Streifen schneiden, den Blauschimmelkäse würfeln und beide Käsesorten auf den Äpfeln verteilen.
- Die Tarte mit den gehackten Walnüssen bestreuen.
- Im Backofen bei 180 °C 30 bis 35 Minuten backen, bis der Blätterteig schön knusprig und der Käse verlaufen ist. Noch heiß servieren.

Champignonfrikassee mit Sahne
Fricassée de champignons à la crème

2 Schalotten
2 Knoblauchzehen
2 EL Rapsöl
750 g braune Champignons
½ Bund Schnittlauch
½ Bund Petersilie
1 kleiner Zweig Thymian
6 EL Sahne
Meersalz
frisch gemahlener schwarzer Pfeffer
4 Scheiben Vollkorntoast oder Landbrot (Pain de campagne)

- Die Schalotten und die Knoblauchzehen schälen und fein würfeln. Im Rapsöl anschwitzen.
- Die Champignons mit feuchtem Küchenkrepp säubern und in Scheiben schneiden. Zu den Schalotten und dem Knoblauch geben und fünf bis sechs Minuten bei mittlerer Temperatur und gelegentlichem Rühren weich dünsten.
- Sollten die Champignons viel Saft abgeben, kurzfristig die Temperatur erhöhen.
- Die Kräuter kurz abbrausen und trockentupfen.
- Den Schnittlauch in feine Röllchen schneiden und die Petersilie fein hacken.
- Die Thymianblätter vom Zweig abstreifen und ebenfalls fein hacken.
- Die Kräuter und die Sahne zu den Champignons geben und gut verrühren.
- Nochmals fünf Minuten ziehen lassen, dann mit Salz und Pfeffer abschmecken.
- Das Brot im Toaster oder mit nur wenig Fett in der Pfanne bräunen.
- Die Champignons auf dem Brot verteilen und sofort servieren.

Provenzalisches Minifladenbrot
Mini Fougasse provençale

Für den Vorteig:
125 ml lauwarmes Wasser
1 Päckchen Trockenhefe
100 g Weizenmehl (Type 1050)

Für den Hefeteig:
400 g Weizenmehl (Type 1050)
1 TL Meersalz
2 EL Olivenöl
150 – 160 ml lauwarmes Wasser
Mehl für die Arbeitsplatte

Für den Belag:
20 schwarze Oliven
2 Knoblauchzehen
8 TL Olivenöl
8 TL getrocknete Kräuter der Provence
Meersalz zum Bestreuen

- Für den Vorteig das Wasser in eine Tasse gießen. Die Hefe einrieseln lassen und so lange rühren, bis sie sich komplett aufgelöst hat.
- Das Mehl in eine Schüssel geben, in der Mitte eine Mulde ausformen und die angerührte Hefe hineingeben. Von der Mitte aus verrühren, bis ein flüssiger Teig entsteht. Die Schüssel mit einem Küchenhandtuch abdecken und den Teig an einem warmen Ort 40 Minuten aufgehen lassen. Der Teig sollte sich dabei etwa verdoppeln.
- Danach das Mehl für den Hefeteig in eine Schüssel geben, in der Mitte eine große Mulde ausformen und Salz, Olivenöl und den Vorteig hineingießen. Mit einer Gabel das umgebende Mehl einarbeiten. Wasser langsam und nach Bedarf dazugeben.
- Den Teig mit bemehlten Händen kneten, bis er locker und elastisch ist. Den Teig zu einer Kugel formen, mit einem Küchenhandtuch abdecken und an einem warmen Ort 45 Minuten gehen lassen.

- In der Zwischenzeit die Oliven halbieren, entkernen und in dünne Scheiben schneiden.
- Die Knoblauchzehen schälen und in hauchdünne Scheiben schneiden.
- Die Arbeitsfläche mit etwas Mehl bestreuen. Den Teig in vier gleich große Portionen teilen und jede Portion mit einem Nudelholz zu einem etwa einen Zentimeter dicken Oval ausrollen.
- Jeden Minifladen zur Hälfte mit jeweils einem Teelöffel Olivenöl bestreichen.
- Mit einem Viertel der Olivenscheiben und des Knoblauchs und einem Teelöffel Kräuter der Provence bestreuen.
- Die freie Teighälfte darüberfalten und den Fladen auf ein mit Backpapier ausgelegtes Backblech legen. Die Oberfläche der Fladen mit jeweils einem Teelöffel Olivenöl bestreichen, die Ränder gut andrücken und den Rest der Kräuter der Provence darauf verteilen.
- Mit einem scharfen Messer den Fladen fischgrätenförmig in Abständen von etwa zwei Zentimeter einschneiden, dabei den äußeren Rand nicht beschädigen. Die Einschnitte mit den Fingern etwas auseinander ziehen, damit sie sich beim Backen nicht wieder schließen.
- Die Fladen mit einem Küchenhandtuch abdecken und nochmals 20 Minuten ruhen lassen.
- Im Backofen bei 200 °C etwa 15 Minuten backen, bis die Oberfläche sich zu bräunen beginnt.
- Möglichst frisch, das heißt noch heiß servieren.

Die Fougasse ist eine der traditionellen Speisen der Provence und wird in den meisten Bäckereien täglich frisch angeboten. Sie wird als Vorspeise mit einem gut gekühlten Rosé serviert und möglichst frisch aus dem Ofen genossen. Als Beilage mundet sie zur leichten Sommerküche, zu Salaten und zu gegrilltem Gemüse.
Neben der klassischen Fougasse provençale gibt es noch verschiedene andere Versionen, zum Beispiel mit gerösteten Zwiebeln, mit Nüssen und Roquefort, mit in Öl eingelegten Tomaten und Oliven, mit gegrilltem Paprika und Gruyère oder mit einer dünnen Schicht Ratatouille.

Quiche lorraine mit Räuchertofu
Quiche lorraine au tofu fumé

Für den Teig:
60 g Butter
300 g Weizenvollkornmehl
1 TL Meersalz
150 g Fromage blanc (20 %)
  ersatzweise Speisequark
etwa 50 ml kaltes Wasser

Für den Belag:
3 große Zwiebeln
3 EL Butter
125 g Räuchertofu
4 Eier
½ TL gemahlene Muskatnuss
4 EL fein gehackte Petersilie
4 EL fein gehackter Schnittlauch
2 EL fein gehackter Estragon
2 EL fein gehackter Kerbel
2 EL fein gehackte Kresse
2 EL fein gehackter Sauerampfer
  oder die entsprechende Menge Gartenkräuter nach Saison
200 ml Sahne
150 g Crème fraîche
Meersalz
frisch gemahlener schwarzer Pfeffer
Butter oder Öl für die Springform

- Für den **Teig** die Butter zum Schmelzen bringen.
- Das Vollkornmehl mit dem Meersalz in eine Schüssel geben und vermischen. In der Mitte des Mehls eine Mulde ausformen und die geschmolzene Butter hineingießen.

- Den Fromage blanc dazugeben und mit dem Mehl vermischen. Nach und nach das Wasser hinzugeben. Die benötigte Wassermenge richtet sich nach der Beschaffenheit des Mehls. Falls nötig, noch etwas Wasser hinzufügen und alles zu einem geschmeidigen Teig verkneten.

- Den Teig zu einer Kugel formen, in Frischhaltefolie wickeln und eine Stunde im Kühlschrank ruhen lassen.

- In der Zwischenzeit für den **Belag** die Zwiebeln würfeln und in der Butter anschwitzen.

- Den Räuchertofu sehr klein würfeln, zu den Zwiebeln geben und bei hoher Temperatur und häufigem Rühren fünf Minuten anbräunen lassen. Danach die Masse ein wenig abkühlen lassen.

- Die Eier mit dem Schneebesen schaumig schlagen, dann die Muskatnuss und die gehackten Kräuter dazugeben.

- Sahne und Crème fraîche unterrühren. Mit Salz und Pfeffer abschmecken.

- Den Teig in eine gefettete Springform geben, gleichmäßig verteilen und einen etwa drei Zentimeter hohen Rand ausformen.

- Zuerst die Zwiebeln mit den Räuchertofuwürfeln darauf verteilen, dann die Eier-Kräuter-Masse.

- Im Backofen bei 200 °C etwa 30 Minuten backen, bis die Oberfläche gebräunt ist.

☐ Noch warm mit einem Edelzwicker oder Sylvaner aus dem Elsass oder einem trockenen Weißwein aus dem Jura servieren.

Wenn die Quiche mit 200 g geraspeltem Emmentaler überstreut wird, rühmt sich nicht mehr Lothringen, sondern das Elsass als ihr Erfinder, so dass aus der Quiche lorraine eine Quiche alsacienne geworden ist.

Ratatouilletarte mit Knoblauchfrischkäse
Tarte aux courgettes et au fromage frais à l'ail

Für den Teig:
60 g Butter
300 g Weizenvollkornmehl
1 TL Meersalz
150 g Fromage blanc (20 %)
   ersatzweise Speisequark
etwa 50 ml Wasser

Für den Belag:
1 Zwiebel
3 Knoblauchzehen
3 EL Olivenöl
1 rote Paprika
2 kleine Zucchini
1 Tomate
4 EL fein gehacktes Basilikum
2 EL fein gehackter Thymian
1 EL fein gehackter Majoran
1 EL fein gehackter Rosmarin
1 EL fein gehackter Estragon
6 EL Tomatenmark
1 – 2 TL Meersalz
etwas Butter oder Öl für die Springform

Für die Käsekruste:
2 Eier
150 g Frischkäse mit Knoblauch
150 g Crème fraîche
1 TL mildes Paprikapulver
Meersalz
frisch gemahlener weißer Pfeffer
60 g Pinienkerne

- Für den **Teig** die Butter zum Schmelzen bringen.
- Das Weizenvollkornmehl mit dem Meersalz vermischen. In der Mitte des Mehls eine Mulde ausformen und die geschmolzene Butter hineingießen. Den Fromage blanc dazugeben und mit dem Mehl vermischen. Nach und nach das Wasser hinzugeben und alles zu einem geschmeidigen Teig verkneten. Falls nötig, noch etwas Wasser hinzufügen (die benötigte Wassermenge richtet sich nach der Beschaffenheit des Mehls).
- Den Teig zu einer Kugel formen, in Frischhaltefolie wickeln und eine Stunde im Kühlschrank ruhen lassen.
- In der Zwischenzeit für den **Belag** die Zwiebel halbieren und in Halbmonde schneiden, die Knoblauchzehen fein würfeln.
- Die Zwiebel und den Knoblauch in einem Esslöffel Olivenöl anbräunen.
- Die Paprika in dünne Streifen, die Zucchini in dünne Scheiben schneiden und die Tomate würfeln.
- Das restliche Olivenöl in die Pfanne geben und zuerst die Paprikastreifen, dann die Zucchini und zum Schluss die Tomatenwürfel einrühren. Bei mittlerer Temperatur etwa 15 Minuten etwas einkochen lassen.
- Die Kräuter und das Tomatenmark unterrühren und mit dem Meersalz abschmecken. Nochmals 5 Minuten köcheln lassen, dann die Pfanne vom Herd nehmen. Etwas abkühlen lassen.
- Den Teig in eine gefettete Spring- oder Tarteform geben, gleichmäßig verteilen und einen gut drei Zentimeter hohen Rand ausformen. Im Backofen bei 200 °C zehn Minuten vorbacken.
- Die Eier mit dem Frischkäse, der Crème fraîche und dem Paprikapulver verrühren.
- Mit Salz und Pfeffer abschmecken.
- Die Gemüsemischung mit der Zwiebelmischung auf dem Teig verteilen.
- Die Eier-Frischkäse-Masse darüberstreichen, mit den Pinienkernen bestreuen und die Tarte im Backofen bei 180 °C etwa 30 bis 35 Minuten backen.

☐ Heiß mit einem grünen Salat als Beilage und einem fruchtigen Rosé aus der Provence servieren.

Flambierter Munsterkäse
Munster flambé

1 Bund Schnittlauch
2 EL Butter
1 großer, ganzer und halb durchgereifter Munsterkäse (400 g)
4 – 5 EL Marc de Gewürztraminer oder anderer Tresterbrand
2 TL Kümmel

- Den Schnittlauch kurz abbrausen, trockentupfen und in feine Röllchen schneiden.
- Die Butter in einer beschichteten Pfanne erhitzen und den Munsterkäse bei mittlerer Temperatur von jeder Seite etwa zwei Minuten anbraten, bis die Rinde angebräunt und kross ist.
- Darauf achten, dass die Rinde intakt bleibt und der Käse nicht ausläuft. Je reifer er ist, desto eher passiert dies, von daher die Zeit, die der Munsterkäse gebraten wird, etwas an den Reifezustand anpassen.
- Die Pfanne auf eine feuerfeste Unterlage stellen, den Käse mit dem Tresterbrand beträufeln und sofort anzünden. So lange brennen lassen, bis die Flamme von selbst erlischt.
- Den Käse aufschneiden, auf Desserttellern anrichten und mit etwas Kümmel und den Schnittlauchröllchen garniert servieren.

- Dazu schmeckt knuspriges Baguette sowie ein Gewürztraminer oder ein Pinot Gris aus dem Elsass.

Munsterkäse wird aus roher (Munster fermier) oder aus pasteurisierter Kuhmilch hergestellt und schmeckt am besten, wenn der Käse schon sehr intensiv riecht und anfängt zu verlaufen. Im Elsass wird der flambierte Munsterkäse als Käsedessert zum Abschluss eines mehrgängigen Mahls gereicht – wogegen grundsätzlich nichts einzuwenden ist.
In Anlehnung an deutsche Essgewohnheiten habe ich dieses Rezept jedoch den Vorspeisen zugeordnet. Die vorgeschlagenen 400 g sind für vier Personen etwas üppig dimensioniert. Da Munsterkäse jedoch nur in Scheiben von 200 oder 400 g auf den Markt kommt und für dieses Rezept ein ganzer Käse benötigt wird, möge man mir diesen Kompromiss verzeihen.

Tomaten-Senf-Tarte mit Ziegenkäsekruste
Tarte à la tomate et à la moutarde et au chèvre

½ Bund Basilikum
1 kleiner Rosmarinzweig
etwa 250 g frischer Blätterteig
ersatzweise tiefgekühlt und aufgetaut
6 EL Senf nach altfranzösischer Art (Moutarde à l'ancienne)
4 Tomaten
18 dünne Scheiben von einer Ziegenkäserolle (etwa 150 g)
etwas Knoblauchpfeffer
3 EL Olivenöl

- Das Basilikum kurz abbrausen, trockentupfen und fein hacken. Die Rosmarinblätter vom Zweig streifen und ebenfalls fein hacken.
- Eine halbhohe Tarteform mit Backpapier ausschlagen und den Blätterteig darauf ausbreiten. Die Ränder etwas einschlagen und zusammendrücken.
- Den Senf gleichmäßig auf den Blätterteig streichen.
- Die Tomaten in dünne Scheiben schneiden und auf der Senfschicht verteilen. Mit Basilikum und Rosmarin überstreuen.
- Die Ziegenkäsescheiben auf die Tomaten legen, mit etwas Knoblauchpfeffer würzen und mit dem Olivenöl beträufeln.
- Im Backofen bei 200 °C etwa 25 Minuten backen, bis der Ziegenkäse leicht gebräunt ist.

- ☐ Mit einem Rotwein von den Côtes du Lubéron oder der Touraine (Loire) servieren.

Überbackener Toast mit Austernpilzen
Croque-pleurote en forme d'huître

8 Scheiben Vollkorntoast
4 große Austernpilze
2 EL Butter
4 MSP Knoblauchpfeffer
Meersalz
4 Scheiben Emmentaler oder Comté
4 EL fein gehackte Petersilie
4 Scheiben Blauschimmelkäse (z. B. aus Bresse oder der Auvergne)

- Die Toastscheiben im Toaster leicht anrösten.
- Die Austernpilze mit feuchtem Küchenkrepp säubern, dann Stiele und Stielansätze entfernen. Die Butter in der Pfanne erhitzen und die Pilze darin anschwitzen. Mit Knoblauchpfeffer und Salz würzen.
- Vier Toastscheiben mit Emmentaler belegen (die Käsescheiben sollten fast so groß wie der Toast sein).
- Die Austernpilze auf den Toastscheiben verteilen und mit der Petersilie bestreuen.
- Den Blauschimmelkäse darauflegen und mit den verbleibenden Toastscheiben abdecken.
- Im Backofen bei 180 °C backen, bis der Käse anfängt zu verlaufen und sofort servieren.

Überbackener Toast mit Räuchertofu
Croque-Tofu fumé

8 Scheiben Vollkorntoast
4 TL Senf nach altfranzösischer Art (Moutarde à l'ancienne)
4 Scheiben Raclettekäse
8 Scheiben Räuchertofu
1 EL fein gehackter Thymian
frisch gemahlener schwarzer Pfeffer
2 Ecken Schmelzkäse

- Die Toastscheiben im Toaster leicht anrösten.
- Vier Toastscheiben mit dem Senf bestreichen und mit einer Scheibe Raclettekäse bedecken.
- Den Räuchertofu darauf verteilen und mit dem Thymian und etwas Pfeffer würzen.
- Die verbleibenden vier Toastscheiben mit jeweils einer halben Ecke Schmelzkäse bestreichen und darauflegen.
- Im Backofen bei 180 °C backen, bis der Käse anfängt zu verlaufen und sofort servieren.

Vegetarische »Schneckenpfännchen« mit Kräuterbutter
»Escargtos« végétariens et beurre d'escargot

Für die Kräuterbutter:
1 ½ Bund Petersilie
2 nicht zu kleine Knoblauchzehen
1 TL Meersalz
100 g zimmerwarme Butter
1 Spritzer Zitronensaft
Meersalz
frisch gemahlener weißer Pfeffer

Für 4 vegetarische »Schneckenpfännchen«:
100 g Seitlinge
2 Schalotten
1 EL Butter
1 Prise Salz
1 Prise Pfeffer
etwas Butter für die Pfännchen

- Für die Kräuterbutter die Petersilie kurz abbrausen, trockentupfen und fein hacken.
- Die Knoblauchzehen vierteln, den grünen Keim entfernen und mit dem Meersalz im Mörser zermusen.
- Die gehackte Petersilie dazugeben und ebenfalls zermusen.
- Die Kräutermasse zu der weichen Butter geben und kräftig vermischen, bis die Mischung die typische grüne Färbung angenommen hat. Einen Spritzer Zitronensaft hinzufügen und mit Salz und Pfeffer abschmecken.
- Die Seitlinge mit feuchtem Küchenkrepp säubern, den Stielansatz entfernen und sehr fein würfeln.
- Die Schalotten ebenfalls fein würfeln.
- Die Schalottenwürfel in der Butter anbräunen, dann die Seitlinge hinzugeben und bei hoher Temperatur unter häufigem Rühren ebenfalls vier bis fünf Minuten anbräunen. Eine Prise Salz und Pfeffer hinzufügen.

- Die Pfännchen einfetten und die Pilze darin verteilen.
- Die Pilze mit jeweils gut einem Zentimeter Kräuterbutter bedecken und im Backofen bei 180 °C etwa 25 bis 30 Minuten gratinieren, bis die Butter etwas verdampft und die Oberfläche leicht gebräunt ist.

☐ Sofort mit Baguette oder Knoblauchbrot, dem Rest der Kräuterbutter und einem Glas Chablis servieren.

Falls keine Seitlinge zur Verfügung stehen, kann das Rezept auch mit braunen Champignons, Austernpilzen oder Shiitake-Pilzen zubereitet werden. Entscheidend für den Geschmack ist, ganz so wie beim Originalgericht, die Kräuterbutter und weniger die Einlage. Dennoch sind Seitlinge vorzuziehen, weil sie durch ihre dickfleischige und elastische Konsistenz dem Schneckenfleisch sehr nahe kommen. So nah, dass bei uns zu Hause schon der eine oder andere Schneckenliebhaber erfolgreich »getäuscht« werden konnte.

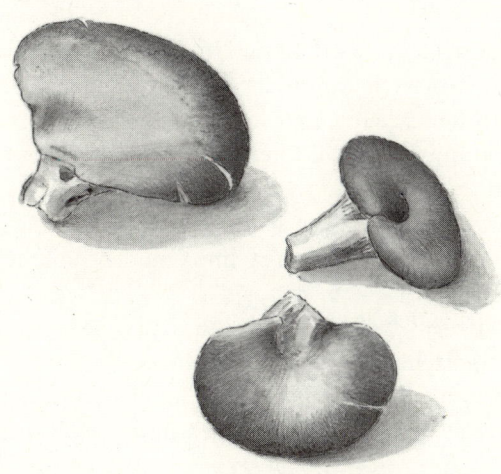

Warme Karottenmousse mit Pinienkernen
Mousse de carottes aux pignons

2 Zwiebeln
2 EL Olivenöl
100 g Pinienkerne
1 kg Karotten
300 ml Wasser
100 ml Milch
2 TL Meersalz
3 Knoblauchzehen
8 EL Weizenvollkornmehl
2 TL Johannisbrotkernmehl
2 große Eier (oder 3 kleine)
½ Bund Petersilie
3 EL fein gehackter Majoran
2 EL fein gehackter Thymian
150 g Crème fraîche
frisch gemahlener schwarzer Pfeffer
etwas Butter oder Öl für die Auflaufform

- Die Zwiebeln fein würfeln und im heißen Olivenöl anschwitzen.
- Die Pinienkerne in der trockenen Pfanne anrösten.
- Die Karotten schälen, in Scheiben schneiden, mit dem Wasser übergießen und in etwa 20 Minuten bei geschlossenem Topfdeckel sehr weich kochen.
- Danach das Kochwasser abgießen, die Milch und das Salz zu den Karotten geben und mit dem Stabmixer oder in der Küchenmaschine sehr fein pürieren.
- Die Zwiebeln, zwei Drittel der Pinienkerne sowie die durchgepressten Knoblauchzehen zu dem Püree geben.
- Das Weizenvollkornmehl und das Johannisbrotkernmehl unterrühren.
- Die Eier etwas schaumig schlagen und ebenfalls unter das Püree rühren.
- Die Petersilie kurz abbrausen, trockentupfen und fein hacken und mit dem Majoran und dem Thymian zu dem Püree geben.

- Die Crème fraîche vorsichtig unterziehen und das Püree mit Pfeffer und eventuell noch mit etwas Salz abschmecken.
- Die Karottenmousse in eine gefettete Auflaufform füllen, mit den restlichen Pinienkernen bestreuen und im Backofen bei 200 °C etwa 45 Minuten backen, bis die Masse gestockt ist.

☐ Danach mit knusprigem Baguette sowie einem fruchtigem Rotwein aus dem Minervois oder einem bodenständigen Bordeaux supérieur servieren. Reste der Mousse schmecken auch kalt, zum Beispiel als Aufstrich, vorzüglich.

Zuckerschotentarte mit Camembertkruste
Tarte aux pois gourmands et au camembert

Für den Teig:
60 g Butter
300 g Weizenvollkornmehl
1 TL Meersalz
150 g Fromage blanc (20 %)
    ersatzweise Speisequark
etwa 50 ml Wasser

Für den Belag:
1 Zwiebel
2 EL Rapsöl
200 g geputzte Zuckerschoten
150 g enthülste junge Erbsen
Wasser oder Gemüsebrühe (s. S. 50) nach Bedarf
Meersalz
frisch gemahlener weißer Pfeffer
etwas Butter oder Öl für die Springform

Für die Camembertkruste:
2 Eier
200 g Crème fraîche
1 EL Zitronensaft
4 EL fein gehackte Petersilie
2 EL fein gehackter Kerbel
100 g reifer Camembert

- Für den **Teig** die Butter zum Schmelzen bringen.
- Das Weizenvollkornmehl mit dem Meersalz in eine Schüssel geben und vermischen. In der Mitte des Mehls eine Mulde formen und die geschmolzene Butter hineingießen.
- Den Fromage blanc dazugeben und mit dem Mehl vermischen. Nach und nach das Wasser hinzugeben. Falls nötig, noch etwas Wasser hinzufügen und alles zu einem geschmeidigen Teig verkneten.

- Den Teig zu einer Kugel formen, in Frischhaltefolie wickeln und eine Stunde im Kühlschrank ruhen lassen.
- In der Zwischenzeit für den **Belag** die Zwiebel fein würfeln und im Öl anschwitzen.
- Die Zuckerschoten und die Erbsen dazugeben und knapp zehn Minuten unter gelegentlichem Rühren andünsten. Sollte das Gemüse am Topfboden ansetzen, etwas Wasser oder Gemüsebrühe hinzufügen. Vom Herd nehmen und mit Salz und Pfeffer abschmecken.
- Den Teig in eine gefettete Springform oder Tarteform geben, gleichmäßig verteilen und einen gut drei Zentimeter hohen Rand ausformen. Im Backofen bei 200 °C zehn Minuten vorbacken.
- Für die **Camembertkruste** die Eier mit der Crème fraîche und dem Zitronensaft verrühren. Die Kräuter dazugeben und mit Salz und Pfeffer abschmecken.
- Den Camembert sehr fein würfeln und unter die Eiermasse ziehen.
- Das Gemüse auf dem Teig verteilen. Die Eiermasse darüberstreichen und die Tarte im Backofen bei 180 °C etwa 30 Minuten backen, bis die Eiermasse gestockt ist.

Suppen und Eintöpfe
Soupes et potages

Bohnencremesuppe mit Salbei
Crème de haricots géants parfumée à la sauge

500 g weiße Riesenbohnen
1 kleiner Zweig Bohnenkraut
1 TL Meersalz
1 Zwiebel
3 Knoblauchzehen
5 EL mildes Olivenöl
1 l Wasser
8 Salbeiblätter
6 Lorbeerblätter
2 TL Meersalz
1 Bund Petersilie
2 EL Zitronensaft
16 schwarze Oliven
100 ml Sahne

- Die Riesenbohnen über Nacht einweichen und zusammen mit dem Bohnenkraut im Einweichwasser eineinhalb bis zwei Stunden kochen, bis sie anfangen zu zerfallen. Kurz vor dem Ende der Kochzeit das Meersalz dazugeben. Die Bohnen in einem Sieb abtropfen lassen, das Bohnenkraut entfernen.
- Die Zwiebel und die Knoblauchzehen fein hacken und in einem Esslöffel Olivenöl anschwitzen.
- Die Bohnen zu den Zwiebeln geben und das Wasser hinzugießen. Zum Kochen bringen, dann vom Herd nehmen und mit dem Stabmixer oder in der Küchenmaschine sehr fein pürieren. Die Bohnencreme durch ein Sieb streichen und zurück in den Topf füllen.
- Sechs Salbeiblätter sehr fein hacken und zusammen mit den Lorbeerblättern zu der Suppe geben. Das Salz hinzufügen und 20 Minuten köcheln lassen.

- Die Petersilie kurz abbrausen, trockentupfen, zerkleinern und zusammen mit dem Zitronensaft unterrühren. Suppe nochmals fünf Minuten köcheln lassen.
- In der Zwischenzeit die Oliven entkernen und zusammen mit den verbliebenen zwei Salbeiblättern fein hacken.
- Kurz vor dem Servieren die Lorbeerblätter aus der Suppe entfernen und die Sahne sowie die restlichen vier Esslöffel Olivenöl unterrühren.
- Die Suppe in Portionsteller geben, mit dem gehackten Salbei und den Oliven bestreuen.
- Sofort servieren.

☐ Mit der Bohnencremesuppe harmoniert ein trockener Weißwein von den Côtes du Lubéron oder den Côtes du Ventoux.

Bunter Bohneneintopf aus dem Languedoc
Cassoulet végétarien

200 g weiße Bohnen
2 TL Meersalz
2 kleine Pastinaken
3 Karotten
4 mittelgroße Kartoffeln
200 g Champignons
1 Stange Lauch
4 Fleischtomaten
2 Zwiebeln
2 Knoblauchzehen
2 EL Olivenöl
etwas Öl oder Gemüsebrühe (s. S. 50)
2 EL getrocknete Kräuter der Provence
2 Lorbeerblätter
2 Nelken
300 ml trockener Rotwein (z. B. Cahors)
    ersatzweise Tomatensaft
100 g entkernte schwarze Oliven
2 TL Meersalz
½ Bund Petersilie
250 g Baguette vom Vortag in (getrockneten) Scheiben
3 EL Olivenöl
½ TL Knoblauchpfeffer
280 g Tomatenmark
frisch gemahlener schwarzer Pfeffer
etwas Butter oder Öl für die Auflaufform

- Die Bohnen über Nacht einweichen, dann im Einweichwasser nicht zu weich, sondern noch gut bissfest garen. Kurz vor Ende der Garzeit das Meersalz dazugeben. Die Bohnen in einem Sieb unter fließendem Wasser abspülen und gut abtropfen lassen.
- Die Pastinaken, Karotten und Kartoffeln schälen und in mundgerechte Würfel zerkleinern.

- Die Champignons mit feuchtem Küchenkrepp abreiben und vierteln. Den Lauch in feine Ringe schneiden, waschen und abtropfen lassen.
- Die Tomaten mit kochend heißem Wasser überbrühen, kurz abschrecken, enthäuten und das Fruchtfleisch würfeln.
- Die Zwiebel in Halbmonde schneiden, den Knoblauch fein würfeln und zusammen im Olivenöl anbräunen. Erst den Lauch, dann die Karotten, Pastinaken und zuletzt die Champignons dazugeben. Falls nötig, noch etwas Öl oder auch Gemüsebrühe nachgießen.
- Die Kräuter der Provence, Lorbeerblätter und Nelken vorsichtig unterrühren und mit Rotwein oder Tomatensaft ablöschen.
- Die Kartoffeln, gewürfelten Tomaten, Oliven, Bohnen und das Meersalz hinzufügen und etwa 90 Minuten bei mittlerer Temperatur köcheln lassen. Von Zeit zu Zeit umrühren. Falls der Eintopf am Topfboden ansetzt, noch etwas Gemüsebrühe nachgießen.
- In der Zwischenzeit die Petersilie kurz abbrausen, trockentupfen und fein hacken.
- Die Baguettescheiben in einen stabilen Gefrierbeutel geben und verschließen. Das getrocknete Brot so lange mit dem Nudelholz bearbeiten, bis es fein zerkrümelt ist. Brotkrümel in eine Schüssel geben und mit der gehackten Petersilie, Olivenöl und dem Knoblauchpfeffer mischen.
- Zum Ende der Garzeit der Bohnen die Lorbeerblätter und Nelken entfernen und das Tomatenmark unterziehen. Falls der Eintopf zu sämig sein sollte, noch etwas Wasser oder Gemüsebrühe dazugeben. Mit frisch gemahlenem Pfeffer würzen.
- Den Cassoulet in eine hochwandige gefettete Auflaufform füllen, mit den Brotkrümeln bestreuen und bei 200 °C etwa 20 bis 25 Minuten im Backofen gratinieren, bis die Kruste schön braun ist.

Der Legende nach wurde Cassoulet durch Katharina von Medici von Italien nach Frankreich gebracht und erreichte seine kulinarische Blüte in der Region von Toulouse und Carcassonne. Inzwischen gibt es jedoch so viele regionale Rezepte wie Hausfrauen (oder Hausmänner), die ihre Lieben an einem kalten Winterabend mit etwas Deftig-Bäuerlichem verwöhnen möchten.

Brokkolicremesuppe mit Blauschimmelkäse
Soupe au brocoli et au bleu

1 Zwiebel
1 EL Butter
4 große Kartoffeln
600 ml Wasser
700 g Brokkoli
100 g weicher Blauschimmelkäse (z. B. aus Bresse)
100 g Crème fraîche
1 TL gemahlene Muskatnuss
2 TL Meersalz
frisch gemahlener schwarzer Pfeffer

- Die Zwiebel fein hacken und in der Butter anschwitzen.
- Die Kartoffeln schälen, mundgerecht würfeln und in 300 ml Wasser zehn Minuten kochen.
- In der Zwischenzeit den Brokkoli waschen, in Röschen teilen und etwas abtropfen lassen.
- Die Brokkoliröschen zu den Kartoffeln geben und mit geschlossenem Deckel so lange garen, bis das Gemüse weich ist. Den Rest des Wassers hinzufügen und die Suppe mit dem Stabmixer oder in der Küchenmaschine fein pürieren.
- Den Blauschimmelkäse würfeln und unterrühren. Die Suppe nochmals fünf Minuten unter häufigem Rühren köcheln lassen, bis der Blauschimmelkäse sich aufgelöst hat.
- Crème fraîche unterziehen und mit Muskatnuss, Salz und Pfeffer abschmecken.

Chicoréecremesuppe aus der Picardie
Velouté d'Endives

2 Schalotten
1 EL Butter
500 g Chicorée
350 ml Wasser
2 EL Kartoffelstärke
etwas Wasser
2 EL mittelscharfer Senf
2 TL Meersalz
1 TL gemahlene Muskatnuss
frisch gemahlener schwarzer Pfeffer
250 ml helles Bier
* ersatzweise alkoholfreies Bier*
1 Bund Schnittlauch
200 ml Sahne

- Die Schalotten fein würfeln und in der Butter anschwitzen.
- Den Chicorée kurz abbrausen, halbieren und den bitteren Kern keilförmig herausschneiden. Danach die Chicoréehälften in Scheiben schneiden.
- Die Chicoréescheiben zu den Schalotten geben, mit dem Wasser übergießen und etwa 15 Minuten bei mittlerer Temperatur sehr weich kochen.
- Mit dem Stabmixer oder in der Küchenmaschine pürieren.
- Die Kartoffelstärke mit etwas Wasser anrühren und zusammen mit dem Senf, dem Salz, der Muskatnuss und dem Pfeffer in die Suppe rühren. Das Bier dazugeben und nochmals gut zehn Minuten köcheln lassen.
- In der Zwischenzeit den Schnittlauch kurz abbrausen, trockentupfen und in Röllchen schneiden.
- Ein paar Röllchen zur Dekoration beiseite legen, den Rest zur Suppe geben. Die Sahne unterrühren und nochmals zwei bis drei Minuten köcheln lassen.
- Dann die Suppe auf Suppenteller verteilen, mit dem Schnittlauch bestreuen und sofort servieren.

Gemüse-Bouillabaisse
Bouillabaisse végétarienne

600 g Tomaten
½ Bund Petersilie
1 große Zwiebel
3 Knoblauchzehen
2 Stangen Lauch
2 Karotten
2 kleine Fenchelknollen
4 große Kartoffeln
2 EL Olivenöl
1 EL fein gehackter Thymian
1 EL fein gehackter Oregano
1 TL Fenchelkörner
4 Lorbeerblätter
1 l Wasser
Saft einer kleinen Zitrone
2 Safranfäden
1 Prise Cayennepfeffer
Meersalz
frisch gemahlener weißer Pfeffer
4 EL Aïoli (siehe Seite 128) oder 4 TL Rouille (siehe Seite 130)

- Die Tomaten mit kochend heißem Wasser überbrühen, kurz abschrecken, enthäuten und würfeln.
- Die Petersilie kurz abbrausen, trockentupfen und fein hacken.
- Die Zwiebel und den Knoblauch fein hacken. Den Lauch und die Karotten in feine Ringe schneiden. Die Fenchelknollen vierteln, den harten Strunk entfernen und würfeln. Die Kartoffeln schälen und in mundgerechte Würfel schneiden.
- Die Zwiebeln und den Knoblauch im Olivenöl anschwitzen. Dann den Lauch, die Karotten und den Fenchel dazugeben und weitere fünf Minuten andünsten.
- Thymian, Oregano, Fenchelkörner und die Lorbeerblätter dazugeben und mit dem Wasser aufgießen. Mit geschlossenem Deckel bei mittlerer Temperatur zehn Minuten köcheln lassen.

- Die Kartoffeln dazugeben und so lange garen, bis das Gemüse weich, aber noch bissfest ist.
- Den Zitronensaft, Safran, Cayennepfeffer sowie die Hälfte der Petersilie unterrühren und mit Salz und Pfeffer abschmecken. Nochmals gründlich erwärmen, aber nicht mehr kochen.
- Die Lorbeerblätter entfernen, mit dem Rest der Petersilie überstreuen und mit Aïoli oder Rouille servieren.

☐ Zur Bouillabaisse empfiehlt sich ein gut gekühlter Rosé von den Côtes de Provence.

Karottensuppe mit Tomaten und Mandeln
Soupe de carottes et tomates parfumée aux amandes

2 Schalotten
3 Knoblauchzehen
6 EL Olivenöl
1 kg Karotten
650 ml Wasser
2 – 3 TL Meersalz
400 g Tomaten
1 Bund Basilikum
½ Bund Schnittlauch
Saft einer halben Zitrone
6 EL gemahlene Mandeln
frisch gemahlener weißer Pfeffer

- Die Schalotten und den Knoblauch fein würfeln und in zwei Esslöffeln Olivenöl anschwitzen.
- Karotten schälen, in Scheiben schneiden und zu den Zwiebeln geben.
- Mit 250 ml Wasser übergießen, das Salz unterrühren und etwa 20 Minuten kochen, bis die Karotten ganz weich sind.
- In der Zwischenzeit die Tomaten mit kochend heißem Wasser übergießen, kurz abschrecken, enthäuten und würfeln.
- Basilikum und Schnittlauch kurz abbrausen und trockentupfen. Von dem Basilikum ein paar Blättchen beiseite legen, den Rest fein hacken.
- Den Schnittlauch in feine Röllchen schneiden.
- Die Karotten mit dem Stabmixer oder in der Küchenmaschine fein pürieren.
- Das restliche Wasser, die Tomatenwürfel, den Zitronensaft, die Kräuter und Mandeln unterrühren.
- Die Suppe nochmals zehn Minuten köcheln lassen und mit Pfeffer abschmecken.
- In Suppenteller füllen und jede Portion mit einem Esslöffel Olivenöl beträufeln und mit ein paar Basilikumblättchen dekorieren.

☐ Mit frischem Baguette und einem roten Bergerac oder Buzet servieren.

Kürbiscremesuppe
Potage au potiron

1 Stange Lauch
3 Karotten
2 EL Sonnenblumen- oder Rapsöl
1 kg Kürbisfleisch in Würfeln
200 ml Wasser
2 EL fein gehackter Thymian
1 EL fein gehackter Estragon
½ TL gemahlene Muskatnuss
200 ml Milch
Meersalz
frisch gemahlener weißer Pfeffer
8 EL Sahne

- Den Lauch in dünne Scheiben schneiden, die Karotten würfeln.
- Den Lauch im Öl anschwitzen, dann die Karotten und nach zwei bis drei Minuten auch das Kürbisfleisch dazugeben und bei hoher Temperatur und ständigem Rühren vier Minuten kräftig anbraten.
- Mit dem Wasser ablöschen, die Temperatur reduzieren und mit geschlossenem Deckel etwa 30 Minuten köcheln lassen, bis die Kürbiswürfel weich sind.
- Das Gemüse mit dem Stabmixer oder in der Küchenmaschine fein pürieren.
- Die Kräuter, Muskatnuss und die Milch dazugeben und verrühren. Mit Salz und Pfeffer abschmecken.
- Falls das Kürbisfleisch sehr mehlig sein sollte und die Suppe zu sämig ist, noch etwas Milch oder Wasser hinzufügen.
- Die Suppe nochmals zehn Minuten köcheln lassen. Zum Ende der Kochzeit die Sahne unterrühren und sofort servieren.

Lauch-Kartoffel-Suppe mit Apfel-Confit
Velouté de poireaux au confit de pommes

Für die Suppe:
4 Stangen Lauch
4 mittelgroße Kartoffeln
1 kleine Zwiebel
2 EL Butter oder Rapsöl
500 ml hochwertige Gemüsebrühe (s. S. 50)
gut 500 ml Milch
1 TL Meersalz
frisch gemahlener weißer Pfeffer
½ Bund Schnittlauch

Für das Apfel-Confit:
2 Äpfel
2 EL Butter
1 EL Roh-Rohrzucker
2 Knoblauchzehen
1 TL Meersalz
frisch gemahlener schwarzer Pfeffer
1 Schnapsglas Calvados
ein paar Blättchen Kerbel

- Für die **Suppe** den Lauch waschen, in feine Ringe schneiden und gut abtropfen lassen.
- Die Kartoffeln schälen und würfeln, die Zwiebel fein hacken.
- Die Zwiebel in der Butter oder dem Rapsöl anschwitzen, danach den Lauch zufügen und ebenfalls drei bis vier Minuten andünsten.
- Die Kartoffelwürfel dazugeben, mit der Gemüsebrühe aufgießen und etwa 20 Minuten köcheln lassen, bis das Gemüse weich ist.
- In der Zwischenzeit für das **Confit** die Äpfel schälen, entkernen und klein würfeln.
- Die Butter in einer kleinen Pfanne zerlassen, den Zucker hinzufügen und unter Rühren auflösen.

- Die Apfelwürfel und den durchgepressten Knoblauch dazugeben und zwei Minuten anbraten, dabei die Früchte öfter wenden. Die Temperatur etwas reduzieren und weiter köcheln lassen, bis die Äpfelwürfel weich sind, aber noch nicht zerfallen. Mit Salz und Pfeffer abschmecken und warm halten.

- Für die **Suppe** das Lauch-Kartoffel-Gemüse mit dem Stabmixer oder in der Küchenmaschine fein pürieren. Die Milch hinzufügen und die Suppe ein zweites Mal pürieren. Sollte die Suppe anschließend zu sämig sein, noch etwas Milch hinzufügen.

- Mit Salz und Pfeffer abschmecken und die Suppe ein letztes Mal gut erwärmen, aber nicht mehr kochen.

- Den Schnittlauch kurz abbrausen, trockentupfen und in feine Röllchen schneiden. Diese kurz vor dem Servieren unterziehen.

- Das **Apfel-Confit** noch einmal aufwallen lassen, dann die Pfanne vom Herd nehmen und auf einen hitzebeständigen Untergrund stellen. Den Calvados über die Apfelwürfel geben und anzünden. Die Flamme ausbrennen lassen.

- Die Suppe in Suppenteller füllen, das Apfel-Confit darauf verteilen, mit ein paar Kerbelblättchen garnieren und sofort servieren.

□ Das Apfel-Confit schmeckt natürlich auch ohne das Flambieren. Um ohne den Alkohol einen intensiveren Geschmack zu erreichen, empfiehlt es sich, anstelle des Roh-Rohrzuckers sehr dunklen Waldhonig zu verwenden.

Maronencremesuppe mit Nusscroûtons
Velouté aux châtaignes

2 Schalotten
2 EL Butter
4 große Kartoffeln
etwas Wasser
200 g gegarte Maronen (vakuumverpackt)
600 ml Milch
1 EL fein gehackter Thymian
1 EL fein gehacktes Majoran
2 – 3 TL Meersalz
frisch gemahlener schwarzer Pfeffer
5 Scheiben Baguette
4 EL Wal- oder Haselnüsse
2 EL gesalzene Butter
(oder ungesalzene Butter und eine Prise Salz)
200 ml Cidre trocken (brut)
    ersatzweise ungesüßter Apfelsaft
4 EL Crème fraîche

- Die Schalotten fein hacken und in der Butter kurz anbräunen.
- Die Kartoffeln schälen und würfeln, zu den Schalotten geben, mit Wasser bedecken und weich kochen.
- Die Maronen vierteln und mit der Hälfte der Milch zu den Kartoffeln geben. Nochmals zehn Minuten köcheln lassen.
- Den Topf vom Herd nehmen und die Masse mit dem Stabmixer oder in der Küchenmaschine fein pürieren.
- Den Rest der Milch zugießen, nochmals pürieren, dann Thymian und Majoran unterrühren. Mit Salz und Pfeffer abschmecken. Weitere fünf bis zehn Minuten köcheln lassen.
- In der Zwischenzeit das Baguette würfeln und die Nüsse grob hacken. Die Butter in einer Pfanne zerlassen und die Baguettewürfel darin bräunen. Kurz bevor die Baguettewürfel kross sind, die gehackten Nüsse dazugeben und ebenfalls kurz anrösten. Dabei die Pfanne nicht zu lange auf dem Herd halten, da Nüsse schnell zu braun und bitter werden.

■ Vor dem Servieren die Suppe noch einmal aufwallen lassen und vom Herd nehmen. Den Cidre unterrühren und die Suppe sofort in Portionen aufteilen. Jede Portion mit einem Klacks Crème fraîche garnieren, mit den Nusscroûtons bestreuen und servieren.

☐ Traditionell wird zur Maronencremesuppe ein Glas Milch oder Cidre getrunken. Achtung: Den Cidre nicht mitkochen lassen, weil sonst die Gefahr, oder besser gesagt, die Garantie besteht, dass die Milch ausflockt!

Leichte Nudelsuppe aus dem Vaucluse
Soupe du barroux

1 Bund Frühlingszwiebeln
4 Karotten
2 Petersilienwurzel
  oder eine halbe kleine Sellerieknolle
2 Zucchini
4 EL Olivenöl
4 Knoblauchzehen
Meersalz
frisch gemahlener schwarzer Pfeffer
1 ½ l Wasser
5 – 6 EL fein gehacktes Basilikum
2 EL fein gehackte Petersilie
1 EL fein gehackter Thymian
250 g Fadennudeln
150 g geraspelter Gruyère

- Die Frühlingszwiebeln in feine Ringe schneiden.
- Die Karotten und Petersilienwurzeln schälen und grob reiben.
- Von den Zucchini die Strunkenden abschneiden und ebenfalls grob reiben.
- Das Olivenöl erhitzen und das Gemüse darin etwa fünf Minuten bei hoher Temperatur und ständigem Rühren anschwitzen.
- Den Knoblauch durchpressen und unterrühren, mit Salz und Pfeffer würzen.
- Mit dem Wasser ablöschen und die Suppe bei mittlerer Temperatur 15 Minuten köcheln lassen.
- Etwa fünf Minuten vor Ende der Kochzeit die Kräuter und die Fadennudeln hinzufügen und diese in der Suppe bissfest garen.
- Zuletzt den Gruyère unterrühren und die Suppe sofort servieren.

Provenzalische Gemüsesuppe
Soupe au pistou

150 g weiße Bohnen
150 g rote Bohnen
1 Zwiebel
1 Stange Lauch
2 Karotten
2 Fleischtomaten
2 Kartoffeln
2 EL Olivenöl
750 ml Gemüsebrühe (s. S. 50)
400 g grüne Bohnen
100 g Hörnchen- oder Fadennudeln
Meersalz
frisch gemahlener schwarzer Pfeffer
4 – 8 EL Pistou (s. S. 127)

- Bohnen über Nacht einweichen, dann abgießen und abtropfen lassen.
- Die Zwiebel fein hacken, den Lauch in Ringe, die Karotten, Tomaten und Kartoffeln in Würfel schneiden.
- Das Olivenöl in einem großen Suppentopf erhitzen, zuerst die Zwiebeln und dann den Lauch darin anschwitzen. Die weißen und roten Bohnen dazugeben, mit Gemüsebrühe auffüllen und etwa 30 Minuten köcheln lassen.
- Die Karotten, Tomaten und Kartoffeln hinzugeben und weitere 15 Minuten köcheln lassen.
- Danach die grünen Bohnen und die Nudeln hinzufügen und nochmals 10 bis 15 Minuten köcheln lassen. Sollten die Nudeln dabei viel Flüssigkeit ziehen und die Suppe zu sämig sein, noch etwas Gemüsebrühe nachgießen.
- Kurz vor dem Servieren die Suppe mit Salz und Pfeffer abschmecken.
- Auf Tellern anrichten und pro Portion ein bis zwei Esslöffel Pistou unterrühren.

☐ Das Pistou darf auf keinen Fall mitkochen!

Südfranzösische Knoblauchsuppe
Tourin à l'ail

6 – 8 Knoblauchzehen oder mehr
6 EL Olivenöl
1 ½ l Wasser
8 Salbeiblätter
2 Lorbeerblätter
Meersalz
frisch gemahlener schwarzer Pfeffer
1 – 2 MSP Weizenmehl
4 große Scheiben Landbrot
4 Eier
2 EL milder Weißweinessig

- Den Knoblauch schälen, vierteln und den grünen Keim entfernen.
- Zwei Esslöffel Olivenöl in einem Suppentopf erhitzen und den Knoblauch darin andünsten, aber nicht braun werden lassen. Mit dem Wasser ablöschen.
- Die Salbei- und Lorbeerblätter hinzufügen, salzen und pfeffern.
- Zum Kochen bringen, dann die Temperatur reduzieren und unter gelegentlichem Rühren etwa 20 Minuten köcheln lassen, bis der Knoblauch ganz weich ist.
- Die Salbei- und Lorbeerblätter entfernen und die Suppe mit dem Stabmixer fein pürieren.
- Das Mehl unterrühren. Falls gewünscht, nochmals mit Salz und Pfeffer abschmecken. Dann die Suppe heiß halten, aber nicht mehr kochen.
- Das Brot auf vier Suppenteller verteilen.
- Die Eier in einer Schüssel mit vier Esslöffeln Olivenöl, dem Weißweinessig und etwas Suppe verrühren.
- Das Ei-Öl-Gemisch bei laufendem Stabmixer in die heiße Suppe fließen lassen und weitermixen, bis die Suppe gebunden ist.
- Die Suppe nicht mehr weiter kochen lassen, sondern sofort über das Brot gießen und servieren, weil sonst die Eier gerinnen.

Überbackene Zwiebelsuppe
Soupe à l'oignon parisienne

2 große Zwiebeln
2 EL Butter
4 EL Weizenmehl (Type 1050)
2 Lorbeerblätter
1 l Wasser
3 TL Meersalz
frisch gemahlener weißer Pfeffer
40 ml Cognac (nach Belieben)
4 EL Hefeflocken (nach Belieben)
4 Scheiben Baguette
100 g geraspelter Emmentaler oder Comté
4 EL fein gehackte Petersilie

- Die Zwiebeln fein hacken und in der Butter anschwitzen, aber nicht braun werden lassen.
- Die Zwiebeln mit dem Mehl überstäuben und so lange rühren, bis das Mehl gut verteilt ist.
- Die Lorbeerblätter hinzufügen und mit dem Wasser aufgießen. Mit Salz und Pfeffer würzen.
- Die Suppe etwa 25 Minuten bei mittlerer Temperatur köcheln lassen, bis die Zwiebeln weich sind. Die Lorbeerblätter entfernen.
- Falls gewünscht, den Cognac und die Hefeflocken unterrühren und nochmals fünf Minuten köcheln lassen.
- In der Zwischenzeit die Baguettescheiben ohne Fett in der Pfanne rösten.
- Die Suppe in feuerfeste Suppentassen füllen, die Baguettescheiben vorsichtig darauflegen und mit dem Käse bestreuen.
- Im vorgeheizten Backofen bei 200 °C etwa fünf bis zehn Minuten gratinieren.
- Danach mit der Petersilie bestreuen und sofort servieren.

Zucchinicremesuppe
Velouté de courgettes au fromage fondant

1 große Zwiebel
1 EL Rapsöl
4 mittelgroße Kartoffeln
4 mittelgroße Zucchini
400 ml Wasser oder Gemüsebrühe (s. S. 50)
3 Ecken Schmelzkäse
2 TL Meersalz
frisch gemahlener weißer Pfeffer
1 TL gemahlene Muskatnuss
150 ml Sahne
4 EL fein gehackter Schnittlauch
4 EL fein gehackte Petersilie

- Die Zwiebel fein hacken und im heißen Rapsöl anschwitzen.
- Die Kartoffeln schälen und in Würfel schneiden.
- Die Zucchini waschen, die Strunkenden entfernen und in Würfel schneiden.
- Die Zucchini und Kartoffeln zu den Zwiebeln geben, mit Wasser oder Gemüsebrühe aufgießen und etwa 15 bis 20 Minuten sehr weich kochen.
- Den Topf vom Herd nehmen, den Schmelzkäse hinzufügen und die Suppe mit dem Stabmixer fein pürieren. Mit Salz, Pfeffer und Muskatnuss abschmecken.
- Nochmals fünf Minuten köcheln lassen.
- Den Schnittlauch und zwei Esslöffel Petersilie sowie die Sahne unterrühren. Die Suppe noch einmal gut erwärmen, aber nicht mehr kochen lassen.
- In Portionen aufteilen, mit dem Rest der Petersilie bestreuen und sofort servieren.

Saucen und Dips für jede Gelegenheit
Sauces froides et chaudes

Avocado-Roquefort-Sauce
Sauce à l'avocat et au roquefort

½ Bund Petersilie
2 reife Avocados (etwa 400 g)
80 g Roquefort
1 kleine Knoblauchzehe
Saft einer halben, kleinen Zitrone
1 MSP Cayennepfeffer
etwas Meersalz

- Die Petersilie kurz abbrausen, trockentupfen und fein hacken.
- Die Avocados halbieren, den Kern entfernen und das Fruchtfleisch mit einem Löffel auskratzen. Zusammen mit dem Roquefort, der durchgepressten Knoblauchzehe und dem Zitronensaft mit dem Stabmixer oder in der Küchenmaschine fein pürieren.
- Die Petersilie unterrühren, mit Cayennepfeffer und Salz abschmecken und sofort servieren.

□ Diese Sauce wird zu Rohkost sowie zu hart gekochten Eiern gereicht.

Béchamelsauce
Sauce béchamel

250 ml Milch
2 EL Butter
3 EL Weizenmehl (Type 1050)
1 MSP gemahlene Muskatnuss
1 Prise Meersalz
1 Prise weißer Pfeffer

- Die Milch in einem separaten Topf erhitzen, jedoch nicht kochen.
- Die Butter in einem Saucentopf zum Schmelzen bringen, das Mehl darüberstäuben und schnell umrühren. Die heiße Milch angießen, dabei mit dem Schneebesen ständig rühren, damit sich keine Klümpchen bilden.
- Die Sauce unter häufigem Rühren zehn Minuten köcheln lassen.
- Mit Muskatnuss, Salz und Pfeffer würzen.

Die klassische Béchamelsauce dient als Grundlage für viele weiße, gewürzte Saucen.
Je nach Geschmack und Verwendungszweck kann sie durch die Zugabe von folgenden Zutaten verändert werden:
- Frischkäse
- fein geraspelter Hartkäse
- Champignons
- Senf
- Sahne oder Crème fraîche
- Cognac
- Weißwein
- harte, fein gehackte Eier
- frische Kräuter

Birnen-Nuss-Sauce mit mildem Edelpilzkäse
Sauce aux noix, aux poires et au Fourme d'Ambert

100 g Walnusskerne
200 g mild-cremiger Edelpilzkäse, z. B. Fourme d'Ambert
200 g Crème fraîche
2 Birnen
1 EL Cognac (nach Belieben)
2 EL fein gehackte Petersilie
frisch gemahlener weißer Pfeffer

- Die Walnüsse grob hacken und in der trockenen Pfanne etwas anrösten. Abkühlen lassen.
- Den Edelpilzkäse würfeln und mit einer Gabel zu Brei zerdrücken. Mit der Crème fraîche verrühren.
- Die Birnen schälen, entkernen und fein würfeln. Zu der Käsemischung geben.
- Den Cognac, die Petersilie und abgekühlten Walnüsse unterrühren und mit Pfeffer abschmecken.
- Im Kühlschrank eine Viertelstunde ziehen lassen und zu Baguette, Canapés oder auch Blinis servieren.

☐ Wer Kalorien sparen möchte, kann eine Crème fraîche mit geringerem Fettgehalt oder Sauerrahm oder Speisequark verwenden.

Cremige Salatsauce mit einem Schuss Pastis
Sauce crème légèrement anisée

1 TL Fenchelsamen
½ – 1 TL Meersalz
Saft einer kleinen Orange
50 ml Sahne
1 TL Roh-Rohrzucker
1 MSP gemahlenen Kreuzkümmel
1 TL Himbeeressig
1 EL Pastis (Anisschnaps)
oder 1 MSP gemahlenen Anis
frisch gemahlener weißer Pfeffer

- Den Fenchelsamen im Mörser zerstoßen.
- Das Meersalz hinzufügen und ebenfalls zerstoßen.
- Dann den Orangensaft und die Sahne dazugießen. Den Zucker einstreuen und so lange rühren, bis das Salz und der Zucker sich aufgelöst haben.
- Den Kreuzkümmel, Himbeeressig und Pastis oder gemahlenen Anis unterrühren und mit Pfeffer abschmecken.

☐ Diese ungewöhnliche Salatsauce schmeckt besonders gut zu Wintersalaten und zu Salaten, die neben grünem Blattsalat noch Zitrusfrüchte, Pfirsiche oder auch Feigen enthalten.

Erbsenpüree mit Doppelrahm
Mousse de petits pois

1 Zwiebel
2 EL Butter
500 g grüne, frisch enthülste Erbsen
150 ml Wasser
4 EL Milch
1 TL Meersalz
4 EL fein gehackte Petersilie
2 EL fein gehackter Dill
2 EL fein gehackte Zitronenminze
1 MSP gemahlener Koriander
3 EL Hefeflocken
2 EL Zitronensaft
150 g Crème double
frisch gemahlener weißer Pfeffer

- Die Zwiebel fein würfeln und in einem Topf in der Butter anschwitzen.
- Die Erbsen und das Wasser dazugeben, den Topfdeckel auflegen und die Erbsen sehr weich kochen.
- Falls am Ende der Kochzeit noch Wasser vorhanden sein sollte, dieses abgießen und die Erbsen mit der Milch im Mixbehälter der Küchenmaschine oder mit dem Stabmixer fein pürieren. Abkühlen lassen.
- Nach dem Erkalten das Salz, die Kräuter, den Koriander, die Hefeflocken und den Zitronensaft sowie die Crème double unterziehen. Mit Pfeffer und, falls gewünscht, mit noch etwas Salz abschmecken.
- Das Erbsenpüree eine halbe Stunde im Kühlschrank ziehen lassen und zu geröstetem Baguette, Canapés oder auch Blinis reichen.

Linsenkaviar mit grünen Puy-Linsen
Caviar de lentilles vertes du Puy

125 g Du-Puy-Linsen
2 Lorbeerblätter
½ Bund Basilikum
50 g Mandeln
1 kleine Zwiebel
1 Knoblauchzehe
1 EL Butter oder Sonnenblumenöl
3 Cornichons
1 EL Senf nach altfranzösischer Art (Moutarde à l'ancienne)
1 – 2 EL milder Rotweinessig
Meersalz
frisch gemahlener schwarzer Pfeffer
2 EL Walnussöl

- Die Linsen 30 Minuten einweichen lassen, dann die Lorbeerblätter hinzufügen und im Einweichwasser weich, aber noch bissfest garen.
- In ein Sieb gießen und gut abtropfen lassen. Lorbeerblätter entfernen.
- In der Zwischenzeit das Basilikum kurz abbrausen, trockentupfen und fein hacken.
- Die Mandeln mit kochend heißem Wasser überbrühen, etwas ruhen lassen, abschrecken und enthäuten. Grob hacken und in der trockenen Pfanne anrösten.
- Die Zwiebel und die Knoblauchzehe würfeln und in der Butter anschwitzen.
- Die gekochten Linsen, Zwiebel und Knoblauch in den Mixbehälter der Küchenmaschine geben. Zusammen mit den Cornichons, den Mandeln und dem Senf fein pürieren.
- Den Linsenkaviar in eine Schüssel geben und mit dem Rotweinessig, Salz und Pfeffer abschmecken.
- Basilikum und Walnussöl unterrühren und vor dem Servieren eine Stunde ziehen lassen.

☐ Zu geröstetem Knoblauchbaguette, Toast oder auch Blinis reichen.

Milde Zwiebelsauce
Sauce Soubise

500 g milde Zwiebeln
4 EL Butter
2 EL milder Weißweinessig
6 EL Weizenmehl (Type 1050)
2 TL Meersalz
frisch gemahlener weißer Pfeffer
300 ml Wasser oder milde Gemüsebrühe (s. S. 50)
6 EL Crème fraîche

- Die Zwiebeln fein würfeln und in der Butter bei mittlerer Temperatur langsam glasig dünsten. Sie dürfen nicht braun werden.
- Den Essig unterrühren und die Zwiebeln fünf Minuten unter häufigem Rühren köcheln lassen.
- Die Zwiebeln mit dem Mehl bestäuben und gut vermischen. Mit Salz und Pfeffer würzen.
- Wasser oder Gemüsebrühe erhitzen, nach und nach unterrühren, so dass keine Klümpchen entstehen.
- Zwiebeln nochmals mit geschlossenem Deckel und unter gelegentlichem Rühren etwa 15 Minuten köcheln lassen, bis die Zwiebeln ganz weich sind.
- Die Crème fraîche unterrühren, falls gewünscht, nochmals mit Salz und Pfeffer abschmecken und zu hart gekochten Eiern, zu gekochtem Gemüse oder Kartoffeln servieren.

☐ Die Sauce Soubise ähnelt in ihrer Konsistenz eher einem Püree als einer klassischen Zwiebelsauce.

Pikanter Kräuterdip auf leichte Art
Sauce ravigote légère

½ Bund Schnittlauch
½ Bund Petersilie
½ Bund Kerbel
1 EL fein gehackter Estragon
1 Schalotte
4 Cornichons
2 EL mild eingelegte Kapern
1 EL milder oder mittelscharfer Senf
250 g Naturjoghurt
Meersalz
frisch gemahlener weißer Pfeffer

- Die Kräuter kurz abbrausen, trockentupfen und fein hacken.
- Die Schalotte und die Cornichons fein würfeln. Die Kapern fein hacken.
- Die gehackten Kräuter, die Schalotte, die Cornichons, die Kapern und den Senf mit dem Joghurt verrühren und mit Salz und Pfeffer abschmecken.
- Mindestens 15 Minuten im Kühlschrank ziehen lassen.

☐ Die Sauce ravigote wird gern als Dip zu Rohkost, zu gegrilltem Gemüse, zu gedünstetem Spargel aber auch zu hart gekochten Eiern gereicht. Aufgrund ihres geringen Fettgehalts ist sie eine schlanke Alternative zur klassischen Remoulade.

Provenzalische Basilikumsauce
Pistou

1 Bund Basilikum
3 – 4 Knoblauchzehen
½ TL Meersalz
Olivenöl
Meersalz nach Geschmack
frisch gemahlener schwarzer Pfeffer

- Das Basilikum kurz abbrausen, trockentupfen und die Blätter abzupfen.
- Die Knoblauchzehen schälen, teilen und die grünen Keime entfernen. Zusammen mit dem Meersalz in einen Mörser geben und zermusen.
- Nach und nach das Basilikum dazugeben und weiter mit dem Stößel bearbeiten, bis eine feine Paste entsteht.
- Zum Schluss so viel Olivenöl zugeben, bis die Sauce schön cremig ist. Nach Geschmack salzen und pfeffern.

Pistou ist der provenzalische Sammelbegriff für alles, was mit Basilikum zubereitet ist. Seinen Ursprung findet der Begriff in dem lateinischen Verb »pinsare«, das mit »zerstoßen« übersetzt werden kann. Unverzichtbare Werkzeuge bei der Zubereitung von Pistou sind damit Mörser und Stößel, wobei diese in modernen Küchen durch die Häckselwerkzeuge der Küchenmaschine abgelöst worden sind. Bereitet man den Pistou jedoch auf die traditionelle Art zu, bleibt die leuchtend grüne Farbe besser erhalten.

Der französische Pistou ist dem italienischen Pesto sehr ähnlich, wobei in der Ursprungsversion sowohl auf die Zugabe von Käse sowie gerösteten Pinienkernen oder Nüssen verzichtet wurde.

Inzwischen findet man allerdings auch in vielen französischen Rezeptbüchern Pistou-Varianten, die Käse enthalten. Dazu etwa 50 g geraspelten Gruyère und 50 g geraspelten Mimolette oder jeden anderen geraspelten Hartkäse dem Pistou beimischen.

In der *Haute Provence* wird zudem noch eine enthäutete und in kleine Würfel geschnittene Fleischtomate untergerührt.

Provenzalische Knoblauchsauce
Aïoli

3 – 4 Knoblauchzehen
2 – 3 MSP Meersalz
1 Eigelb
150 – 200 ml mildes Olivenöl
2 TL Zitronensaft

■ Die Knoblauchzehen schälen, vierteln und den grünen Keim entfernen. Zusammen mit dem Salz in einen Mörser geben und zu einem glatten Brei zerstoßen.

■ Nun das zimmerwarme (!) Eigelb hinzufügen und gut unterrühren.

■ Danach langsam das Olivenöl einarbeiten: Zuerst mit einer kleinen Menge (etwa ½ Teelöffel) anfangen und gründlich unterrühren. Später, wenn die Sauce gut bindet, kann die Menge erhöht werden. Jedoch ständig weiterrühren.

■ Mit der Zeit wird die Sauce eindicken und eine pastenartige Konsistenz annehmen. Wenn der Aïoli »klumpt«, also an den Mörserwänden oder am Stößel kleben bleibt, Zitronensaft zugeben und zügig unterrühren.

■ Entsprechend der traditionellen Zubereitung ist der Aïoli dann fertig, wenn die Sauce so angedickt ist, dass der Stößel darin stehen bleibt. Vielfach wird er inzwischen aber dünner genossen, so dass unter ständigem Weiterrühren nochmals Öl hinzugefügt werden kann.

■ Diese Würzsauce ist aufgrund ihres hohen Anteils an Knoblauch sehr scharf und wird in kleinen Schalen separat zum Essen gereicht.

☐ Die Zutaten eines Aïoli sind simpel, die Zubereitung dagegen etwas aufwändig. Dabei ist Eile der sichere Tod jedes Aïoli, weil er bei zu schneller Zugabe des Öls zusammenfällt. Echte Aïoli-Profis brauchen teilweise bis zu 20 Minuten, bis diese schmackhafte Knoblauchsauce gelungen ist. Aïoli wird häufig als die »Butter der Provence« bezeichnet und ähnlich verwendet, das heißt zu Rohkost, zu hart gekochten Eiern, zu Artischocken, Oliven und geröstetem Baguette serviert. Aber auch für gekochte grüne Bohnen, Karotten, weiße Rüben und Pellkartoffeln ist er eine sowohl würzige als auch würdige Begleitung.

Provenzalische Knoblauchsauce auf Tofubasis
Tofu Aïoli

3 Knoblauchzehen
2 TL Meersalz
100 g Tofu (natur)
3 EL Zitronensaft
8 – 10 EL Olivenöl
1 – 2 MSP gemahlene Kurkuma (nach Belieben)

- Die Knoblauchzehen schälen, vierteln und den grünen Keim entfernen. Zusammen mit dem Salz in einen Mörser geben und zu einem glatten Brei zerstoßen.
- Den Tofu kurz abbrausen, dann in ein Küchenhandtuch wickeln und das überschüssige Wasser herauspressen. Grob würfeln.
- Die Knoblauch-Salz-Paste, den Tofu, Zitronensaft und das Olivenöl mit Hilfe eines Stabmixers oder in der Küchenmaschine fein pürieren. Die Masse sollte sämig-cremig und nicht mehr stückig sein.
- Die gemahlene Kurkuma unterrühren und mindestens eine halbe Stunde an einem kühlen Ort (nicht im Kühlschrank, weil dort das Olivenöl stockt) ziehen lassen.

Die Verwendung von rohen Eiern in der Zubereitung von Speisen ist als nicht ganz unkritisch zu bewerten. Kleinen Kindern, älteren Menschen und Schwangeren wird der Verzehr von rohen Eiern gänzlich abgeraten. Für diese Gruppen und all diejenigen, die auf Cholesterin verzichten, sich ohne tierisches Fett oder sehr gesundheitsbewusst ernähren möchten, kann der Tofu Aïoli als adäquater Ersatz zum Originalrezept dienen.

Dabei lässt sich wieder feststellen, dass ein gesunder Lebensstil und genussvolles Essen durchaus miteinander zu vereinbaren sind …

Scharfe Pfefferwürzsauce
Rouille

2 Knoblauchzehen
1 kleine rote Chilischote
2 Scheiben trockenes Weißbrot ohne Rinde
etwas Wasser oder Gemüsebrühe (s. S. 50)
1 MSP Safran oder 1 Safranfaden
10 EL Olivenöl

- Die Knoblauchzehen schälen, vierteln, den grünen Keim entfernen und in einen Mörser geben.
- Die Chilischote abbrausen, trockentupfen, entkernen und zusammen mit dem Knoblauch im Mörser fein zerstoßen.
- Das Brot in etwas Wasser oder auch Gemüsebrühe einweichen, fest ausdrücken und mit dem Knoblauch und der Chilischote vermischen. Den Safran unterrühren.
- Das Olivenöl unter ständigem Rühren nach und nach der Paste hinzufügen, bis eine gleichmäßige Sauce entsteht.

Rouille gehört zu den ältesten Saucen Europas. Den Namen bezieht diese scharfe Würzsauce von ihrer rostroten Farbe, die von der Chilischote und den Safranfäden herrührt.
Traditionell wird sie zu Fisch oder zu Fischsuppen, insbesondere zu Bouillabaisse gereicht.
Ebenso schmackhaft erweist sie sich jedoch zu geröstetem Knoblauchbrot, würzigem Käse oder provenzalischen Quetschkartoffeln.
Wem der Geschmack der Rouille zu würzig ist, kann sie durch Zugabe einer halben Paprikaschote, die ebenfalls im Mörser zerstoßen wird, und von vier bis fünf Esslöffel Mayonnaise (gekauft oder selbst gemacht) entschärfen.
Anstelle des Weißbrotes kann auch eine gekochte Pellkartoffel zugegeben werden.

Tapenade auf provenzalische Art
Tapenade provençale

100 g Pinienkerne
200 g schwarze Oliven
2–3 EL mild eingelegte Kapern
2 TL getrocknete Kräuter der Provence
4 EL Olivenöl
Saft einer halben Zitrone
frisch gemahlener schwarzer Pfeffer

- Die Pinienkerne in der trockenen Pfanne leicht anrösten, dabei häufig wenden.
- Etwas abkühlen lassen.
- Die Oliven entkernen. Die Kapern kurz abspülen und trockentupfen.
- Die Oliven, Kapern und Pinienkerne jeweils sehr fein zerkleinern, dann zusammen mit den Kräutern der Provence, dem Olivenöl und Zitronensaft verrühren. Mit Pfeffer abschmecken.
- Vor dem Servieren etwa eine Stunde ziehen lassen.

Grüne Tapenade
Tapenade verte

100 g Mandeln
250 g grüne Oliven
1 – 2 EL mild eingelegte Kapern
6 EL Olivenöl

- Die Mandeln mit kochend heißem Wasser übergießen, zehn Minuten quellen lassen, dann abschrecken und die Haut abziehen. In der Küchenmaschine zerkleinern.
- Die Oliven entkernen und ebenso wie die Kapern fein hacken. Zusammen mit den Mandeln und dem Olivenöl in einer Schüssel verrühren.
- Vor dem Servieren etwas ziehen lassen.

Tapenade ist eine südfranzösische Spezialität, von der es wahrscheinlich so viele Rezeptvarianten wie Olivenbäume in der Region gibt. Zwei Zutaten sind für eine gelungene Tapenade jedoch immer unumgänglich: die Oliven und ein gutes Olivenöl.

Je nach Geschmack und persönlichen Vorlieben können den oben aufgeführten Tapenadevarianten noch folgende Zutaten beigemischt werden: 1 – 2 TL mittelscharfer Senf, 2 EL Cognac, ½ Bund Basilikum, mehr Knoblauch oder 1 MSP gemahlener Kreuzkümmel.

Rote Tapenade
Tapenade rouge

2 Knoblauchzehen
200 g getrocknete Tomaten
100 g entkernte schwarze Oliven
2 EL mild eingelegte Kapern
6 EL Olivenöl
1 EL fein gehackter Thymian
1 EL fein gehackter Rosmarin
frisch gemahlener schwarzer Pfeffer

- Den Knoblauch schälen und vierteln.
- Die getrockneten Tomaten kurz abbrausen, mit kochend heißem Wasser übergießen und 30 Minuten quellen lassen.
- Tomaten gut abtropfen lassen und zusammen mit den Oliven, dem Knoblauch und den Kapern in der Küchenmaschine zu einer sämigen Paste zerkleinern.
- Das Olivenöl sowie die fein gehackten Kräuter dazugeben und mit Pfeffer abschmecken.

☐ Tapenade kann als Dip zu Gemüsesticks, als Sauce zu Pasta oder auch als herzhafte Vorspeise serviert werden. Dazu Tapenade auf Toast oder geröstete Baguettescheiben streichen und mit einem Glas Rotwein von den Côtes du Rhône, Côtes du Rhône Villages oder Côtes du Ventoux servieren.

Salatsaucen auf Essig-Öl-Basis
Vinaigrettes

Die Basis einer Vinaigrette besteht aus Essig und Öl. Dabei sollte das Verhältnis zwei Drittel Öl und ein Drittel Essig betragen, wobei der Essig auch durch Zitronen- oder Limettensaft ersetzt werden kann. Zu diesen Grundzutaten kommen die unterschiedlichsten Würzzutaten, beispielsweise Knoblauch, gehacke Kräuter, Zwiebeln. Damit die Vinaigrette ihr volles Aroma entfalten kann, sollte sie 30 Minuten vor Gebrauch angerührt werden. Vor dem Servieren dann noch einmal kräftig durchschlagen.

Vinaigrette klassisch
1 – 2 MSP Meersalz
3 EL Weißweinessig
1 TL Honig
frisch gemahlener schwarzer Pfeffer
1 EL Dijon-Senf
9 EL Olivenöl

- In einer kleinen Schüssel Salz, Essig, Honig und etwas Pfeffer so lange mit dem Schneebesen verrühren, bis sich das Salz und der Honig aufgelöst haben.
- Den Senf unterrühren.
- Jetzt das Öl zugeben und so lange rühren, bis sich Essig und Öl zu einer Emulsion verbunden haben.

Vinaigrette légère
7 EL Olivenöl durch erkaltete, hochwertige Gemüsebrühe (s. S. 50) ersetzen.

☐ Tipp: Die Salatsauce lässt sich variieren, z. B. durch die Verwendung anderer Ölsorten (Sonnenblumen-, Raps- oder Walnussöl), besonderer Essigsorten (Apfel-, Rotwein- oder Sherryessig) und durch Zugabe frischer Gartenkräuter oder Knoblauch.

Hauptgerichte
Plats principaux

Grüner Spargel mit Eierhäcksel
Asperges vertes sauce gribiche

4 große Eier
½ Bund Petersilie
2 EL mild eingelegte Kapern
6 Cornichons
1 EL fein gehackter Estragon
1 EL milder Senf
1 EL Senf nach altfranzösischer Art (Moutarde à l'ancienne)
1 EL Weißweinessig
6 EL Sonnenblumen- oder Rapsöl
8 EL Gurkenwasser (von den eingelegten Cornichons)
Meersalz
frisch gemahlener schwarzer Pfeffer
1 ½ kg grüner Spargel
4 EL Butter

- Die Eier hart kochen.
- Die Petersilie kurz abbrausen, trockentupfen und fein hacken. Die Kapern abtropfen lassen und fein hacken. Die Cornichons fein würfeln.
- Eier schälen und vorsichtig Eigelb und Eiweiß voneinander trennen.
- Eigelb mit der Gabel zerdrücken und mit der Petersilie, den Kapern, dem Estragon, den Cornichons und dem Senf vermischen. Den Essig, das Öl und das Gurkenwasser unterrühren.
- Eiweiß fein hacken und unter die Sauce ziehen.
- Die Sauce mit Salz und Pfeffer abschmecken.
- Die holzigen Enden des Spargels großzügig wegschneiden und das untere Drittel schälen. Den Spargel in reichlich Salzwasser etwa 10 bis 15 Minuten bissfest kochen, danach etwas abtropfen lassen.
- Die Butter zum Schmelzen bringen und den Spargel darin schwenken. Den Spargel in Portionen aufteilen, das Eierhäcksel darüberlöffeln und sofort servieren.

Couscous mit Kichererbsen
Couscous aux pois chiches

200 g getrocknete Kichererbsen
150 g Rosinen
2 Zwiebeln
2 Knoblauchzehen
4 EL Olivenöl
2 Karotten
2 kleine weiße Rüben
*   ersatzweise Kartoffeln*
2 Stangen Staudensellerie
1 Zucchini
4 Tomaten
200 ml Gemüsebrühe oder Wasser (s. S. 50)
1 TL Meersalz
280 g Tomatenmark
3 – 4 TL Ras el Hanout (Gewürzmischung für Couscous)

Für den Couscous:
etwa 800 ml Wasser
1 – 2 TL Meersalz
400 g Couscous
4 EL Olivenöl

■ Die Kichererbsen über Nacht einweichen. Das Einweichwasser weg-schütten und die Kichererbsen in frischem Wasser weich kochen. In ein Sieb gießen und gut abtropfen lassen.

■ Die Rosinen 30 Minuten in lauwarmem Wasser quellen lassen, danach abtropfen lassen.

■ Die Zwiebeln und die Knoblauchzehen fein würfeln und in zwei Esslöf-feln Olivenöl leicht anbräunen.

■ Die Karotten, weißen Rüben und den Staudensellerie würfeln. Die Zuc-chini in dünne Scheiben schneiden. Die Tomaten ebenfalls würfeln.

- Nochmals zwei Esslöffel Olivenöl zu den Zwiebeln und Knoblauchzehen geben und das restliche Gemüse dann in der Reihenfolge Karotten, weiße Rüben, Staudensellerie, Zucchini und Tomaten dazugeben und ebenfalls jeweils kurz anschwitzen.
- Mit der Gemüsebrühe oder dem Wasser ablöschen, das Meersalz hinzufügen und 15 Minuten bei mittlerer Temperatur köcheln lassen.
- Danach die Kichererbsen und die Rosinen dazugeben und das Tomatenmark sowie die Gewürzmischung unterrühren. Nochmals zehn Minuten köcheln lassen.
- In der Zwischenzeit den Couscous zubereiten. Dazu das Wasser mit dem Meersalz in einem zweiten Topf zum Kochen bringen. Den Couscous einrieseln lassen und den Topf vom Herd nehmen. Mit geschlossenem Deckel etwa zehn Minuten ausquellen lassen. Dann den Couscous mit einer Gabel auflockern und das restliche Olivenöl unterrühren.
- Den Couscous auf einer Servierplatte oder einem großen Teller zu einem Kegel ausformen und das Gemüse in einem Kranz darum anrichten.
- Sofort servieren.

Elsässer Flammkuchen
Tarte flambée alsacienne

Für den Teig:
400 g Weizenvollkornmehl
1 TL Meersalz
1 Päckchen Trockenhefe
3 EL Sonnenblumen- oder Rapsöl
etwa 250 ml lauwarmes Wasser

Für den Belag:
4 Zwiebeln
1 Stange Lauch
2 EL Butter
400 g Fromage blanc
     ersatzweise Speisequark (20 % Fett)
200 g Crème fraîche
Meersalz
frisch gemahlener schwarzer Pfeffer
2 MSP gemahlene Muskatnuss
100 g fein geraspelter Hartkäse, z. B. Gruyère

- Für den **Teig** das Weizenvollkornmehl in eine Schüssel geben und mit dem Salz und der Hefe gut vermischen. In der Mitte des Mehls eine Mulde ausformen und das Öl hineingeben. Gut einarbeiten. Dann nach und nach das Wasser dazugeben und so lange kneten, bis ein geschmeidiger Teig entsteht.
- Den Teig an einem warmen Ort 45 bis 60 Minuten gehen lassen.
- In der Zwischenzeit für den **Belag** die Zwiebeln fein hacken, den Lauch in feine Ringe schneiden.
- In der Butter anschwitzen und abkühlen lassen.
- Den Fromage blanc mit der Crème fraîche verrühren, mit Salz, Pfeffer und Muskatnuss abschmecken.
- Den Teig in vier Portionen teilen und jede Portion dünn ausrollen. Auf ein mit Backpapier ausgekleidetes Backblech legen.

- Zuerst die Quarkmasse auf den Teig streichen, dann die Zwiebeln und den Lauch darauf verteilen. Zum Schluss den geraspelten Gruyère darüberstreuen.
- Die Flammkuchen im auf 250 °C vorgeheizten Backofen etwa 15 Minuten portionsweise backen. Bei Umluft können auch zwei Backbleche auf einmal verwendet werden. Bei manchen Backherden empfiehlt es sich jedoch trotz der Umluft, das untere Backblech nach zwei Dritteln der Backzeit an die oberste Position zu versetzen, damit der Teig gleichmäßig ausgebacken wird.

☐ Heiß aus dem Backofen mit einem Glas Federweißen oder einem trockenen Elsässer Weißwein servieren. Anstelle des Lauchs können 250 g in dünne Scheiben geschnittene Champignons oder 200 g Räuchertofu als Zusatz zum Belag verwendet werden. Im letzteren Fall den Räuchertofu fein würfeln und kurz in der Pfanne anbräunen.

Elsässer Rieslingkraut mit Nudeln
Choucroute alsacienne au riesling et aux nouilles

400 g Bandnudeln
Meersalz
100 g Walnusskerne
500 g mildes Weinsauerkraut
2 Zwiebeln
2 Knoblauchzehen
6 EL Raps- oder Sonnenblumenöl
150 – 200 ml Elsässer Riesling
  ersatzweise 150 ml Wasser mit 4 EL Apfelessig und 1 TL Roh-Rohrzucker
1 Bund Petersilie
3 Zweige Thymian
2 Lorbeerblätter
½ TL Kümmel
frisch gemahlener schwarzer Pfeffer

- Die Bandnudeln in reichlich Salzwasser bissfest garen, gut abtropfen lassen und warm halten.
- Die Walnüsse grob hacken und in einer trockenen Pfanne anrösten.
- Das Sauerkraut gut abtropfen lassen.
- Die Zwiebeln und die Knoblauchzehen fein hacken und in zwei Esslöffeln Öl anschwitzen. Das Sauerkraut dazugeben, zwei bis drei Minuten bei hoher Temperatur und unter ständigem Rühren ebenfalls anschwitzen, dann mit dem Riesling ablöschen.
- Die Petersilie und den Thymian kurz abbrausen, trockentupfen und fein hacken. Zusammen mit den Lorbeerblättern und dem Kümmel zu dem Sauerkraut geben. Mit geschlossenem Deckel etwa 20 bis 25 Minuten schmoren lassen.
- Zehn Minuten vor Ende der Kochzeit vier Esslöffel Öl erhitzen und die Nudeln darin von allen Seiten braten.
- Die Nudeln zum Sauerkraut geben, die Lorbeerblätter entfernen und mit Salz und Pfeffer abschmecken.

- ☐ Mit dem gleichen Riesling, der zum Kochen verwendet wurde oder mit einem Glas Bier servieren.

Gemüseeintopf aus Nizza
Ratatouille niçoise

2 Zwiebeln
3 Knoblauchzehen
2 – 4 EL Olivenöl
3 mittelgroße Auberginen
1 grüne Paprika
1 rote Paprika
1 gelbe Paprika
3 mittelgroße Zucchini
4 Fleischtomaten
150 ml trockener Rotwein
*   oder Tomatensaft*
2 EL getrocknete Kräuter der Provence
140 g Tomatenmark
Meersalz
frisch gemahlener schwarzer Pfeffer

- Die Zwiebeln und den Knoblauch fein hacken und in einem großen Schmortopf in zwei Esslöffeln Olivenöl anschwitzen.
- Die Auberginen in kleine Würfel schneiden, zu den Zwiebeln geben und anbraten. Dabei öfters wenden.
- Wenn die Auberginenwürfel leicht gebräunt sind, die entkernten und gewürfelten Paprika dazugeben und ebenfalls anschwitzen. Falls nötig, noch zwei Esslöffel Öl hinzufügen.
- Zucchini halbieren und in halbmondförmige Scheiben schneiden, zum Rest des Gemüses geben und nochmals etwa fünf Minuten anbraten.
- In der Zwischenzeit die Fleischtomaten enthäuten. In Würfel schneiden und ebenfalls in den Schmortopf geben. Nach drei bis vier Minuten mit dem Rotwein ablöschen und die Kräuter der Provence unterrühren.
- Das Gemüse bei mittlerer Temperatur und gelegentlichem Umrühren 15 Minuten schmoren lassen.
- Tomatenmark unterrühren und mit Salz und Pfeffer abschmecken.

☐ Nochmals erwärmen und mit frischem Brot, Nudeln oder Reis aus der Camargue servieren. Dazu mundet ein Rosé aus der Provence.

Geschmorter Tofu in Rotweinsauce
Tofu bourguignon

800 g Tofu (natur)
3 Karotten
3 Zwiebeln
4 Knoblauchzehen
1 kleine Chilischote
4 EL dunkle Sojasauce (Tamari)
7 EL Rapsöl
750 ml trockener Rotwein aus dem Burgund
1 MSP gemahlener Koriander
1 MSP gemahlener Piment
1 MSP gemahlene Muskatnuss
2 Nelken
2 Lorbeerblätter
2 kleine Zweige Thymian
1 kleiner Zweig Rosmarin
4 EL Weizenmehl (Type 1050)
4 Fleischtomaten
300 g Champignons
4 EL Tomatenmark
150 g Crème fraîche oder Sahne
Meersalz
frisch gemahlener schwarzer Pfeffer

- Den Tofu kurz abbrausen, dann in ein Küchenhandtuch wickeln und das überschüssige Wasser vorsichtig auspressen. Den Tofu in mundgerechte Würfel schneiden.
- Die Karotten in dünne Scheiben, die Zwiebeln in Halbmonde schneiden.
- Die Knoblauchzehen fein würfeln.
- Die Chilischote halbieren und die Kerne auskratzen.
- Aus Sojasauce, drei Esslöffeln Rapsöl, dem Wein, Koriander, Piment, Muskatnuss, Knoblauch, den Nelken und Lorbeerblättern eine Marinade anrühren.

- Tofu, Zwiebeln, Karotten und die Chilischote sowie Thymian und Rosmarin in einer Schüssel vermischen und mit der Marinade übergießen. Über Nacht im Kühlschrank ziehen lassen.
- Den Tofu in ein Sieb geben und abtropfen lassen. Die Marinade zur Weiterverwendung auffangen. Nelken, Lorbeerblätter und die Chilischote entfernen. Die Thymian- und Rosmarinblätter abzupfen und fein hacken.
- Drei Esslöffel Rapsöl in einem großen Schmortopf erhitzen und den Tofu sowie die Zwiebeln und Karotten darin fünf Minuten bei hoher Temperatur und häufigem Rühren anschwitzen.
- Mit dem Weizenmehl bestäuben, gut untermischen und mit der Marinade ablöschen.
- Den Tofu mit geschlossenem Deckel 20 Minuten schmoren lassen.
- In der Zwischenzeit die Tomaten mit kochend heißem Wasser überbrühen, kurz abschrecken, enthäuten und grob würfeln.
- Die Champignons mit feuchtem Küchenkrepp säubern und vierteln. In einem Esslöffel Rapsöl kurz anschwitzen.
- Die Tomaten und die Champignons sowie den Rosmarin und Thymian zu dem Tofu geben und nochmals 15 Minuten schmoren lassen.
- Danach das Tomatenmark und die Crème fraîche unterrühren und herzhaft mit Salz und Pfeffer abschmecken. Nochmals fünf Minuten schmoren lassen, dann mit frischem Baguette, Nudeln oder Reis servieren.

☐ Als Getränk serviert man dazu einen trockenen Rotwein aus dem Burgund.

Kartoffelküchlein mit Rieslingkompott
Galettes de pommes de terre et compote au Riesling

Für das Rieslingkompott:
6 große Äpfel
2 EL Zitronensaft
4 EL Roh-Rohrzucker
1 MSP Salz
100 ml Elsässer Riesling
oder 90 ml Wasser mit 3 EL mildem Weißweinessig und
1 TL Roh-Rohrzucker

Für die Kartoffelküchlein:
1 Bund Petersilie
1 kg Kartoffeln
2 kleine Zwiebeln
2 kleine Eier
8 EL Weizenmehl (Type 1050)
8 EL Semmelbrösel
4 EL Hefeflocken
Meersalz
frisch gemahlener schwarzer Pfeffer
Butter für die Pfanne und die Auflaufform
120 g (Ziegen-)Camembert

- Für das **Kompott** die Äpfel schälen, entkernen und in Würfel schneiden.
- In einen Topf füllen und den Zitronensaft, den Zucker und das Salz unterrühren.
- Bei mittlerer Temperatur unter gelegentlichem Rühren so lange köcheln lassen, bis die Äpfel weich sind, aber noch nicht zerfallen.
- Den Riesling unterziehen und weitere drei bis vier Minuten köcheln lassen, dann den Topfdeckel auflegen und das Kompott vom Herd nehmen.
- Für die **Küchlein** die Petersilie kurz abbrausen, trockentupfen und fein hacken.

- Die Kartoffeln und Zwiebeln schälen und auf einer mittleren Reibe raspeln.
- Die Eier dazugeben und gut verrühren. Das Weizenmehl, die Semmelbrösel, die gehackte Petersilie und Hefeflocken unterrühren und mit Salz und Pfeffer abschmecken.
- Etwas Butter in einer Pfanne erhitzen. Mit den Händen kleine, abgeflachte Küchlein formen und in der heißen Butter ausbacken.
- Den (Ziegen-)Camembert würfeln.
- Die Kartoffelküchlein in eine flache, gefettete Auflaufform geben, mit den Käsewürfeln bestreuen und etwa zehn Minuten bei 180 °C im Grill oder im Backofen mit Oberhitze gratinieren.
- Die gratinierten Kartoffelküchlein mit dem lauwarmen Rieslingkompott servieren.

☐ Als Getränk empfiehlt sich der gleiche Riesling, der zum Kochen verwendet wurde.

Kürbisratatouille mit Couscous
Ratatouille de potiron et couscous

Für das Ratatouille:
1 Hokkaido-Kürbis (gut 1 kg)
1 rote Paprika
1 gelbe Paprika
1 grüne Paprika
800 g geschälte Tomaten (Glas oder Dose)
3 Knoblauchzehen
4 Schalotten
2 EL Olivenöl
100 ml trockener Rotwein
   ersatzweise kräftige Gemüsebrühe (s. S. 50)
2 Lorbeerblätter
2 EL getrocknete Kräuter der Provence
2 TL Meersalz
1 TL mildes Paprikapulver
140 g Tomatenmark
Meersalz
frisch gemahlener schwarzer Pfeffer

Für den Couscous:
800 ml Wasser
1 TL Meersalz
400 g Couscous
4 EL Olivenöl

- Für das **Ratatouille** den Kürbis waschen und trockenreiben. Den Stiel abschneiden, den Kürbis der Länge nach halbieren und die Samen und zähen Innenfasern entfernen. Die Kürbishälften in etwa einen Zentimeter dicke Scheiben schneiden, dann mundgerecht würfeln.
- Die Paprika putzen und würfeln.
- Die Tomaten grob hacken, den Saft auffangen.

- Den Knoblauch und die Schalotten schälen und fein hacken, dann im Olivenöl anschwitzen.
- Zuerst die Paprika, dann die Kürbiswürfel dazugeben und etwa fünf Minuten unter häufigem Rühren anschwitzen. Mit dem Rotwein, den geschälten Tomaten und ihrem Saft ablöschen.
- Die Lorbeerblätter, Kräuter der Provence, das Meersalz und Paprikapulver unterrühren und bei mittlerer Temperatur etwa 30 Minuten schmoren, bis der Kürbis weich, aber noch bissfest ist.
- Kurz vor Ende der Kochzeit das Wasser für den **Couscous** mit dem Salz zum Kochen bringen. Den Couscous einrieseln lassen und den Topf vom Herd nehmen. Mit geschlossenem Deckel etwa zehn Minuten ausquellen lassen. Dann mit einer Gabel auflockern und das Olivenöl unterziehen.
- Die Lorbeerblätter aus dem Kürbisratatouille entfernen, das Tomatenmark unterrühren, mit Salz und Pfeffer abschmecken und auf einem Bett von Couscous servieren.

☐ Bei dieser herbstlichen Version von Ratatouille werden Auberginen und Zucchini durch knackigen Kürbis ersetzt. Anstelle von Couscous können auch Nudeln oder Reis serviert werden.
Wer sich in der beneidenswerten Lage befindet, zur Kürbiszeit noch reife Freilandtomaten zu erhalten, kann die Konserventomaten durch sechs bis sieben enthäutete und gewürfelte Tomaten ersetzen. Dann entsprechend mehr Wasser oder Rotwein hinzufügen. Für alle anderen empfiehlt sich für die Winter- und Herbstküche der Einsatz von qualitativ hochwertigen Tomaten aus dem Glas, die aromatischer und appetitlicher als die wässrig-roten Angebote aus den Treibhäusern sind.

Entsprechend seiner Herkunft empfiehlt sich zum Kürbisratatouille ein Rotwein von den Côtes de Provence oder den Coteaux Varois.

Linsenküchlein auf provenzalische Art mit Rosenkohl in cremiger Senfsauce

Galettes de lentilles à la provençale et choux-bruxelles à la moutarde

Für die Linsenküchlein:

200 g Champagne-Linsen (Lentillon rosé de Champagne)
1 TL Meersalz
1 rote Zwiebel
3 Knoblauchzehen
1 großes Ei
100 g geraspelter Hartkäse, z. B. Comté
80 g Semmelbrösel
4 EL Weizenvollkornmehl
4 EL Tomatenmark
2 EL fein gehacktes Basilikum
2 EL fein gehackter Majoran
1 EL fein gehackter Rosmarin
Meersalz
frisch gemahlener schwarzer Pfeffer
Öl zum Braten

Für den Rosenkohl:

1 kg Rosenkohl
2 Zwiebeln
2 EL Butter
2 TL Speisestärke
100 ml Riesling
    ersatzweise ungesüßter Apfelsaft
200 g Crème fraîche
2 EL Senf nach altfranzösischer Art (Moutarde à l'ancienne)
Meersalz
frisch gemahlener weißer Pfeffer

- Für die **Küchlein** die Linsen in reichlich Wasser etwa 40 Minuten weich kochen, kurz vor Ende der Kochzeit das Salz hinzufügen. In ein Sieb gießen und gut abtropfen lassen.

- Die Zwiebel fein hacken, den Knoblauch durchpressen.
- Das Ei wie zu einer Omelette etwas aufschlagen.
- In einer großen Schüssel die Zwiebel, den Knoblauch und das Ei mit den Linsen vermischen.
- Den Comté, die Semmelbrösel, das Weizenvollkornmehl, Tomatenmark und die Kräuter dazugeben und wie zu einem Teig verkneten. Mit Salz und Pfeffer herzhaft abschmecken.
- Etwas Öl in einer Pfanne erhitzen, mit den Händen Küchlein formen und im heißen Öl ausbacken.
- Während die Linsen garen, den **Rosenkohl** verlesen und putzen, dann in reichlich Salzwasser bissfest garen.
- Zum Ende der Kochzeit die Zwiebeln fein hacken und in einem kleinen Saucentopf in der Butter anschwitzen. Mit der Stärke bestreuen und dem Riesling ablöschen. Die Crème fraîche und den Senf unterrühren, einmal kurz aufkochen lassen und mit Salz und Pfeffer abschmecken.
- Den Rosenkohl in ein Sieb geben und gut abtropfen lassen. Zurück in den Topf füllen, mit der Senfsauce übergießen und gründlich vermischen. Nochmals gut erwärmen, dann sofort mit den Linsenküchlein und einem kräftigen Rotwein aus dem Médoc oder dem Burgund servieren.

Nudeln mit Fenchel-Blauschimmelkäse-Sauce
Pâtes au fenouil, à la tomate et à deux bleus

½ Bund Petersilie
½ Bund Basilikum
6 Fleischtomaten
2 Fenchelknollen
3 Schalotten
1 EL Sonnenblumen- oder Rapsöl
1 TL getrockneter Oregano
500 g Nudeln nach Wahl
1 TL brauner Roh-Rohrzucker
1 TL Meersalz
frisch gemahlener weißer Pfeffer
1 TL milder Weißweinessig
4 EL Crème fraîche
100 g Blauschimmelkäse aus der Auvergne
100 g Blauschimmelkäse aus Bresse
　　ersatzweise 200 g anderer Blauschimmelkäse

- Die Petersilie und das Basilikum kurz abbrausen, trockentupfen und fein hacken.
- Die Fleischtomaten mit kochend heißem Wasser überbrühen, kurz abschrecken, dann enthäuten. Grob hacken.
- Den Fenchel halbieren und den harten Strunk entfernen. Zuerst in feine Scheiben, dann in feine Streifen schneiden.
- Die Schalotten schälen und fein hacken.
- Den Fenchel und die Schalotten im heißen Öl etwa drei Minuten anschwitzen, dann die Tomaten und den Oregano hinzugeben und 15 Minuten köcheln lassen, bis der Fenchel gar ist. Die Sauce sollte, falls die Tomaten viel Wasser ziehen, dabei etwas einkochen.
- In der Zwischenzeit die Nudeln in reichlich Salzwasser bissfest garen. Abtropfen lassen, in eine große Schüssel geben und warm halten.

- Die Fenchelsauce mit Zucker, Salz, Pfeffer, Essig und den fein gehackten Kräutern abschmecken. Die Crème fraîche unterrühren.
- Den Blauschimmelkäse würfeln und in die Sauce einrühren. Die Sauce nochmals gut erwärmen, bis der Käse zu schmelzen beginnt.
- Die Nudeln in einer großen Servierschüssel mit der Sauce mischen und sofort servieren.

☐ Mit der Fenchelsauce harmoniert ein trockener Rosé aus der Corbières oder aus Bordeaux.

Schmorkartoffeln mit Ziegenfrischkäse und marinierter Aubergine
Pommes de terres en cocotte, chèvre frais et Aubergine marinée

Für die marinierte Aubergine:
16 getrocknete Tomaten
6 EL Pinienkerne
2 Knoblauchzehen
2 EL Olivenöl
1 kleine Aubergine
1 kleiner Zweig Rosmarin
1 TL Fenchelsamen
1 EL fein gehackter Thymian
Meersalz, frisch gemahlener schwarzer Pfeffer
2 EL fein gehacktes Basilikum
15 fein gewürfelte grüne Oliven
1 EL Rotweinessig
1 EL Zitronensaft
2 TL Senf nach provenzalischer Art (Moutarde provençale)
2 EL Tomatenmark
1 EL Lavendelhonig
3 EL Olivenöl

Für den Ziegenfrischkäse-Quark:
125 g Ziegenfrischkäse
500 g Fromage blanc (20 %), ersatzweise Speisequark
½ Bund Petersilie
1 EL fein gehacktes Basilikum
1 EL Zitronensaft
50 ml Milch
Meersalz, frisch gemahlener weißer Pfeffer

Für die Schmorkartoffeln:
1 ½ kg kleine, fest kochende Kartoffeln
2 EL Olivenöl
300 ml Wasser
1 TL Meersalz

- Für die marinierte **Aubergine** die getrockneten Tomaten abbrausen, mit kochend heißem Wasser übergießen und eine halbe Stunde einweichen. Gut abtropfen lassen und fein würfeln.
- Pinienkerne in der trockenen Pfanne etwas anrösten. Beiseite stellen.
- Die Knoblauchzehen fein würfeln und im Olivenöl anbräunen. Die Aubergine ebenfalls fein würfeln und zum Knoblauch geben.
- Den Zweig Rosmarin, den Fenchelsamen und Thymian hinzufügen und bei mittlerer Temperatur unter häufigem Rühren ein paar Minuten anbraten, bis die Auberginenwürfel außen angebräunt und innen weich sind. Mit Salz und Pfeffer abschmecken. Etwas abkühlen lassen.
- Tomaten- und Auberginenwürfel in eine Schüssel geben und mit den Pinienkernen, dem Basilikum, den Oliven sowie mit Essig, Zitronensaft, Senf, Tomatenmark, Honig und Öl vermischen. Mit Salz und Pfeffer abschmecken und mindestens zwei Stunden im Kühlschrank ziehen lassen.
- Den Rosmarinzweig vor dem Servieren entfernen.
- Für die **Frischkäse-Quark-Mischung** den Ziegenfrischkäse mit dem Fromage blanc verrühren.
- Petersilie abbrausen, trockentupfen und fein hacken. Die Kräuter, den Zitronensaft und die Milch unter den Frischkäse ziehen.
- Mit Salz und Pfeffer abschmecken. Mindestens 30 Minuten im Kühlschrank ziehen lassen.
- Die **Kartoffeln** unter fließendem Wasser gründlich abbürsten, nicht schälen. Etwas abtropfen lassen.
- Das Olivenöl in einem Schmortopf erhitzen und die Kartoffeln darin unter häufigem Rühren bei hoher Temperatur anbräunen. Mit dem Wasser ablöschen, den Topfdeckel auflegen und die Kartoffeln bei mittlerer Temperatur etwa 45 Minuten weich kochen. Eventuell noch etwas Wasser nachgießen.
- Zum Ende der Kochzeit das noch verbleibende Wasser abgießen, die Kartoffeln auf der noch heißen Herdplatte kurz ausdämpfen lassen.
- Das Salz unterrühren und die Schmorkartoffeln mit dem Ziegenfrischkäse-Quark und der Aubergine servieren.

Teigtaschen mit Mangold-Ziegenkäse-Füllung
Chaussons chèvre-bette

Für den Teig:
300 g Weizenmehl (Type 1050)
1 TL Meersalz
50 ml Olivenöl
125 ml kaltes Wasser

Für die Füllung:
1 Zwiebel
2 Knoblauchzehen
2 EL Olivenöl
600 g Mangold
4 EL rote Tapenade (s. S. 133)
125 g Ziegenfrischkäse
4 EL Sonnenblumenkerne
Meersalz
frisch gemahlener schwarzer Pfeffer
1 Eigelb
3 EL Milch

- Für den **Teig** das Mehl in einer Schüssel mit dem Salz vermischen. In der Mitte des Mehls eine Mulde ausformen, das Öl hineingießen und gut mit dem Mehl vermischen. Das Wasser nach und nach dazugeben und so lange kneten, bis ein homogener Teig entsteht.
- Den Teig zu einer Kugel formen, in Frischhaltefolie hüllen und mindestens 30 Minuten im Kühlschrank ruhen lassen.
- Für die **Füllung** die Zwiebel und die Knoblauchzehen schälen und fein würfeln, dann im Olivenöl anschwitzen.
- Den Mangold gründlich waschen und abtropfen lassen. Die Stiele in Würfel schneiden. Von den Blättern die harten Blattrispen herausschneiden, dann in Streifen schneiden.
- Den Mangold zu den Zwiebeln und dem Knoblauch geben und bei mittlerer Temperatur etwa zehn Minuten weich dünsten.

- Die Tapenade und den Ziegenfrischkäse dazugeben und so lange rühren, bis der Ziegenfrischkäse geschmolzen ist und sich gut vermischt hat.
- Die Sonnenblumenkerne unterrühren und die Füllung herzhaft mit Salz und Pfeffer abschmecken.
- Den Teig in vier Portionen teilen und auf einer bemehlten Arbeitsfläche vier runde Teigteller ausrollen.
- Die Mangoldfüllung in vier Portionen aufteilen und jede Portion auf der Hälfte eines Teigtellers verteilen. Die andere Hälfte des Teigs darüberklappen und die Ränder gut andrücken.
- Das Eigelb mit der Milch verrühren und die Teigtaschen damit bepinseln.
- Im Backofen bei 200 °C etwa 25 Minuten backen, bis die Oberfläche der Teigtaschen leicht gebräunt ist.

☐ Die frisch gebackenen Teigtaschen mit Baguette und einem frischen Rosé aus Bordeaux servieren. Dazu passt ein frischer Blattsalat oder eine **Rohkostbeilage** (siehe folgende Seite).

Rohkostbeilage
Paysage de crudité

Für die Rohkost:
2 Salatherzen
2 rote Paprika
4 kleine Karotten
1 kleine Rote Bete
2 Avocados
4 EL Zitronensaft

Für die klassische Vinaigrette:
1 – 2 MSP Meersalz
3 EL Weißweinessig
1 TL Honig
frisch gemahlener schwarzer Pfeffer
1 EL Dijon-Senf
9 EL Olivenöl

- Für die **Rohkostbeilage** die Salatherzen waschen, gründlich trockentupfen und teilen.
- Die Paprika putzen und in feine Streifen schneiden. Die Karotten und die Rote Beete grob raspeln.
- Die Avocados schälen, den Kern entfernen und das Fruchtfleisch in Spalten schneiden. Sofort mit dem Zitronensaft beträufeln, damit sie nicht braun werden.
- Für die **Vinaigrette** Salz, Essig, Honig und etwas Pfeffer so lange mit dem Schneebesen verrühren, bis sich das Salz und der Honig aufgelöst haben. Senf unterrühren.
- Jetzt das Öl zugeben und so lange rühren, bis sich Essig und Öl zu einer Emulsion verbunden haben.
- Die Rohkostbeilage in Portionen auf vier Tellern verteilen und mit der Vinaigrette beträufeln.

Überbackenes und Aufläufe
Gratins et Soufflés

Auberginen-Ziegenkäse-Auflauf
Gratin d'aubergines au chèvre

2 mittelgroße Auberginen
Butter oder Öl für Pfanne und Auflaufform
Meersalz
Knoblauchpfeffer
2 EL fein gehacktes Basilikum
2 EL fein gehackter Rosmarin
4 EL Olivenöl
4 mittelgroße Tomaten
1 Rolle Ziegenweichkäse (180 g)

- Die Auberginen waschen, trockentupfen, der Länge nach in Scheiben schneiden und in der Pfanne (am besten einer Grillpfanne) leicht anbraten.
- Die Auberginenscheiben in eine gefettete Auflaufform schichten, salzen und pfeffern. Mit jeweils einem Esslöffel Basilikum und Rosmarin bestreuen. Die Hälfte des Olivenöls darüberträufeln.
- Die Tomaten in Scheiben schneiden und auf den Auberginen verteilen. Ebenfalls salzen und pfeffern und mit dem Rest der Kräuter bestreuen.
- Den Ziegenweichkäse in dünne Scheiben schneiden und auf die Tomaten geben. Mit etwas Knoblauchpfeffer würzen, mit den verbliebenen zwei Esslöffeln Olivenöl beträufeln und im Backofen bei 180 °C etwa 30 bis 35 Minuten backen, bis der Ziegenkäse leicht gebräunt ist.

☐ Mit einem grünen Salat als Beilage und einem jungen, trockenen Weißwein (Sancerre oder auch Bordeaux) servieren.

Brotauflauf mit Brie
Pain perdu au brie

250 g Baguette vom Vortag
400 ml Milch
etwas Butter für die Auflaufform
3 Eier
½ TL Meersalz
frisch gemahlener weißer Pfeffer
4 EL Hefeflocken
4 EL fein gehackte Petersilie
2 TL mildes Paprikapulver
100 g Brie
100 g geraspelter Emmentaler oder Cantal

- Das Baguette in Scheiben schneiden und 15 Minuten in der Milch einweichen. Sollte das Brot sehr trocken sein, eventuell noch etwas Milch hinzugeben.
- Nach Ende der Einweichzeit das Brot etwas abtropfen lassen und in die gebutterte Auflaufform schichten. Den Rest der zum Einweichen verwendeten Milch aufbewahren.
- Die Eier mit Salz und Pfeffer verrühren, dann die Hefeflocken, die Petersilie, das Paprikapulver und die verbliebene Milch einrühren.
- Den Brie sehr fein würfeln und mit dem Emmentaler zu der Eiermasse geben. Diese über das Brot gießen und im Backofen bei 180 °C 35 bis 40 Minuten backen, bis die Oberfläche schön gebräunt ist.

☐ Mit einem grünen Salat als Beilage und einem frischen Weißwein aus der Touraine oder einem Sancerre (beide aus dem Weinanbaugebiet der Loire) servieren.

Gratinierter Eier-Champignons-Auflauf
Gratins d'œufs et de champignons

½ Bund Petersilie
60 g geröstete, ungesalzene Erdnüsse
400 g Champignons
1 EL Rapsöl
½ TL Zwiebelsalz
2 EL Hefeflocken
etwas Butter oder Öl für die Auflaufform
5 Eier
50 ml Sahne
250 g Fromage blanc (20 %)
  ersatzweise Speisequark
½ TL gemahlene Muskatnuss
Meersalz
frisch gemahlener weißer Pfeffer
8 EL geraspelter Emmentaler oder Gruyère

- Die Petersilie abbrausen, trockentupfen und fein hacken. Die Erdnüsse grob hacken.
- Die Champignons mit feuchtem Küchenkrepp säubern und in Scheiben schneiden. Das Öl in einer Pfanne erhitzen und die Champignons darin anschwitzen. Mit dem Zwiebelsalz und den Hefeflocken würzen und in eine gefettete Auflaufform geben.
- Die Eier etwas aufschlagen, die Sahne, den Fromage blanc oder Quark, die Muskatnuss und die Petersilie unterziehen. Herzhaft mit Salz und Pfeffer abschmecken.
- Die Eier-Sahne-Mischung über die Champignons gießen, mit dem geraspeltem Käse und den Erdnüssen bestreuen.
- Im Backofen bei 200 °C backen, bis die Eiermasse stockt und die Kruste schön braun ist.

☐ Mit einem grünen Salat und Gemüsereis servieren. Zu diesem sehr erdverbundenen Gericht wählt man entweder einen Elsässer Riesling oder einen Chardonnay aus dem Jura.

Kartoffelauflauf mit Milch und Käse
Gratin dauphinois

1 ½ kg Kartoffeln
Meersalz
frisch gemahlener weißer Pfeffer
2 MSP gemahlene Muskatnuss
1 halbierte Knoblauchzehe
etwas Butter für die Auflaufform
2 Eier
6 EL Crème fraîche
500 ml Milch
4 EL Butter
100 g geraspelter Emmentaler oder Gruyère

■ Die Kartoffeln nur schälen, nicht waschen, sondern mit einem Küchenhandtuch kräftig abreiben. Die Kartoffeln in etwa drei Millimeter dicke Scheiben schneiden, in eine große Schüssel geben und Salz, Pfeffer und Muskatnuss gut untermischen (geht am besten mit den Händen).

■ Eine große Auflaufform mit der Knoblauchzehe ausstreichen, dann mit Butter einfetten.

■ Die Kartoffeln gleichmäßig in die Auflaufform schichten.

■ Die Eier mit der Crème fraîche schaumig rühren, wenn gewünscht, noch etwas mit Salz und Pfeffer würzen. Die Milch zu der Eiermasse geben und gut verrühren.

■ Die Eiermasse über die Kartoffeln gießen, dann die Butter und den geraspelten Käse darauf verteilen.

■ Im Backofen bei 200 °C gut 60 Minuten garen, bis die Kartoffeln weich sind und die Oberfläche schön gebräunt ist. Von Zeit zu Zeit mit der Gabel in die Oberfläche stechen, damit die angesammelte Flüssigkeit verdunsten kann.

☐ Mit einem grünen Salat sowie einem rotem Bordeaux oder Beaujolais Villages oder auch einem Weißwein aus dem Savoyen servieren.

Kürbis-Tomaten-Gratin
Gratin de potiron à la tomate-plat

3 Schalotten
3 Knoblauchzehen
9 EL Olivenöl
1 kg geputztes und gewürfeltes Kürbisfleisch
2 EL fein gehackter Majoran
Meersalz
frisch gemahlener schwarzer Pfeffer
Öl für die Auflaufform
1 Bund Petersilie
4 Tomaten
½ Baguette vom Vortag
3 EL Hefeflocken

- Die Schalotten und die Knoblauchzehen fein würfeln und in zwei Esslöffeln Olivenöl anbräunen.
- Weitere zwei Esslöffel Olivenöl hinzufügen und die Kürbiswürfel darin unter häufigem Rühren anbraten, bis das Kürbisfleisch weich, aber noch bissfest ist.
- Mit dem Majoran, Salz und Pfeffer würzen.
- Die Kürbiswürfel in eine gefettete Auflaufform geben und glatt streichen.
- Die Petersilie kurz abbrausen, trockentupfen und fein hacken.
- Die Tomaten würfeln und in einem Esslöffel Olivenöl andünsten. Etwas einkochen lassen. Die Hälfte der Petersilie unterrühren und mit Salz und Pfeffer abschmecken. Über den Kürbis streichen.
- Das Baguette würfeln und in eine stabile Gefriertüte geben. Gut verschließen und mit Hilfe eines Nudelholzes fein zerkrümeln.
- Die Baguettekrümel mit den Hefeflocken, vier Esslöffeln Olivenöl und dem Rest der Petersilie vermengen und den Auflauf damit bestreuen.
- Den Auflauf im Backofen bei 200 °C etwa 25 Minuten gratinieren, bis die Oberfläche leicht gebräunt ist.

Provenzalischer Gemüseauflauf
Tian provençale

etwas Olivenöl für die Auflaufform
1 große Zwiebel
4 Knoblauchzehen
2 rote Paprika
14 – 15 EL Olivenöl
Meersalz
frisch gemahlener schwarzer Pfeffer
4 TL getrocknete Kräuter der Provence
3 große Zucchini
2 Auberginen
3 Fleischtomaten
100 g geraspelter Gruyère

- Eine große, runde Auflaufform mit Olivenöl einpinseln.
- Die Zwiebel und die Knoblauchzehen fein hacken, die Paprika fein würfeln. Zwei Esslöffel Olivenöl in der Pfanne erhitzen und zuerst die Zwiebeln und die Knoblauchzehen darin anschwitzen, dann die Paprika hinzufügen und zehn Minuten schmoren, bis das Gemüse leicht gebräunt und weich ist.
- Paprikagemüse in die Auflaufform geben und glatt streichen. Mit Salz und Pfeffer würzen und mit einem Teelöffel Kräuter der Provence überstreuen.
- Die Strunkenden von den Zucchini entfernen, die Zucchini in Scheiben schneiden und ebenfalls in zwei Esslöffeln Olivenöl anschwitzen.
- Zucchini auf die Zwiebelschicht geben und glatt streichen. Mit Salz und Pfeffer würzen und mit einem Teelöffel Kräuter der Provence bestreuen.
- Die Auberginen in dünne Scheiben schneiden und die Scheiben in zwei bis drei Esslöffeln Olivenöl anbraten. Die Auberginenscheiben auf die Zucchini schichten. Mit Salz und Pfeffer würzen und mit einem Teelöffel Kräuter der Provence bestreuen.

- Die Fleischtomaten in dünne Scheiben schneiden und auf der Auberginenschicht verteilen. Mit Salz und Pfeffer würzen und ebenfalls mit einem Teelöffel Kräuter der Provence bestreuen.
- Den Auflauf mit mindestens acht Esslöffeln Olivenöl beträufeln und mit dem geraspeltem Gruyère überstreuen.
- Im Backofen bei 180 °C etwa 30 bis 35 Minuten backen.

☐ Mit frischem Baguette sowie einem Rosé von den Côtes de Provence servieren.

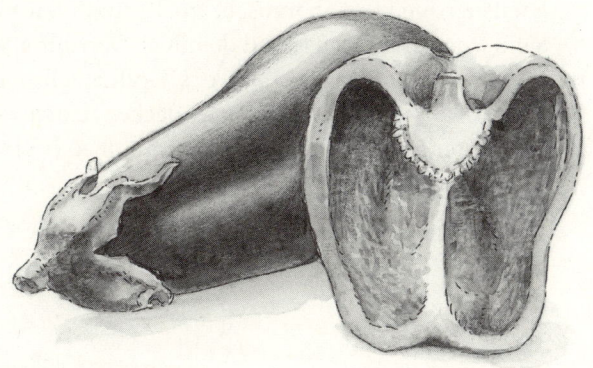

Maronen-Pflaumen-Gratin aus dem Périgord
Gratin de marrons et de pruneaux

etwas Butter oder Öl für die Auflaufform
1 große Zwiebel
2 Knoblauchzehen
Meersalz
frisch gemahlener schwarzer Pfeffer
150 g entsteinte Dörrpflaumen
400 g gegarte Maronen (vakuumverpackt)
6 EL grob gehackte Walnüsse
150 ml heiße Gemüsebrühe (s. S. 50)
½ Bund Petersilie
150 ml Sahne
1 MSP gemahlene Muskatnuss
150 g geraspelter Comté oder Gruyère

- Eine große, runde Auflaufform mit Butter oder Öl einpinseln.
- Die Zwiebel und die Knoblauchzehen fein hacken und auf dem Boden der Auflaufform verteilen. Mit etwas Salz und Pfeffer würzen.
- Die Dörrpflaumen halbieren.
- Maronen auf den fein gehackten Zwiebeln verteilen, die Dörrpflaumen dazwischensetzen. Mit den Walnüssen bestreuen.
- Die Gemüsebrühe darübergießen.
- Die Petersilie kurz abbrausen, trockentupfen und fein hacken. Mit der Sahne, der Muskatnuss und dem Käse verrühren, mit Pfeffer würzen.
- Die Käse-Sahne-Masse über das Gratin geben und im Backofen bei 180 °C etwa 35 bis 40 Minuten backen, bis etwas von der Flüssigkeit verdampft ist und der Käse sich zu bräunen beginnt.

Reis-Lauch-Gratin mit Curry und Ziegenfrischkäsekruste
Gratin de riz aux poireaux parfumé au curry et chèvre frais

300 g Camargue-Reis oder anderer Langkornreis
Meersalz
1 Zwiebel
2 EL Rapsöl
3 Stangen Lauch
4 Tomaten
100 ml trockener Weißwein
*   oder milde Gemüsebrühe (s. S. 50)*
1 TL Meersalz
2 TL mildes Currypulver
4 EL fein gehackte Petersilie
1 EL fein gehackter Majoran
1 TL fein gehackter Salbei
50 ml Sahne
etwas Butter oder Öl für die Auflaufform
100 g Crème fraîche oder Crème double
125 g Ziegenfrischkäse
6 EL Milch

- Den Reis in reichlich Salzwasser bissfest kochen, in ein Sieb gießen und gut abtropfen lassen.
- Die Zwiebel fein hacken und im Rapsöl anschwitzen.
- Den Lauch in Ringe schneiden, zu den Zwiebeln geben und fünf Minuten andünsten. Die Tomaten würfeln und zu dem Lauch geben, nochmals fünf Minuten unter häufigem Rühren andünsten. Mit dem Weißwein ablöschen und 15 Minuten köcheln lassen.
- Salz, Curry und die Kräuter unterrühren und weitere fünf Minuten köcheln lassen. Sahne unterziehen und das Gemüse vom Herd nehmen.
- Eine Auflaufform fetten und zwei Drittel des Reises hineingeben. Das Gemüse darauf verteilen und mit dem restlichen Reis bedecken.
- Crème fraîche mit dem Ziegenfrischkäse und der Milch verrühren und auf dem Auflauf verteilen.
- Im Backofen bei 200 °C etwa 40 Minuten knusprig braun backen.

Sauerkrautauflauf mit Cidre
Gratin de choucroute et de cidre

500 g mildes Weinsauerkraut
Butter oder Öl für die Auflaufform
4 Karotten
3 Äpfel
Meersalz
Knoblauchpfeffer
3 Eier
150 ml Cidre trocken
  oder Apfelsaft
250 g Crème fraîche
2 TL mittelscharfer Senf
1 MSP Kümmel
3 EL Hefeflocken
2 EL fein gehackter Majoran
4 EL fein gehackte Petersilie
200 g mittelreifer Camembert

- Das Sauerkraut gut abtropfen lassen.
- Eine rechteckige Auflaufform mit Butter oder Öl einpinseln.
- Die Karotten grob raspeln, die Äpfel schälen, entkernen und in dünne Spalten schneiden.
- Zuerst die Hälfte des Sauerkrauts, dann die Karotten und die Apfelspalten in die Auflaufform schichten. Die Apfelspalten mit Salz und Knoblauchpfeffer würzen und das restliche Sauerkraut darauf verteilen.
- Die Eier mit Cidre, Crème fraîche, Senf, Kümmel, Hefeflocken und den Kräutern verrühren. Mit Salz und Pfeffer abschmecken.
- Den Camembert in sehr dünne Scheiben schneiden und auf dem Sauerkraut verteilen.
- Die Eiermasse darübergießen und den Auflauf im Backofen bei 200 °C etwa 40 bis 45 Minuten backen, bis das Gemüse gar und die Eiermasse gestockt ist.

☐ Mit einem Glas Cidre und Roggenbrot servieren.

Spargelgratin
Gratin d'asperges

1 ½ kg weißer Spargel
Meersalz
1 Lorbeerblatt
1 TL Roh-Rohrzucker
3 EL zerlassene Butter
Butter oder Öl für die Auflaufform
4 Fleischtomaten
frisch gemahlener weißer Pfeffer
½ Bund Basilikum
½ Bund Petersilie
150 g Roquefort
220 ml Sahne
1 ½ EL Zitronensaft
8 EL Semmelbrösel
8 EL geraspelter Hartkäse, z. B. Beaufort oder Comté

- Den Spargel schälen, dann in reichlich Salzwasser, dem ein Lorbeerblatt und der Zucker zugegeben worden ist, bissfest kochen. Danach gut abtropfen lassen und in der zerlassenen Butter schwenken.
- Den Spargel in eine gefettete Auflaufform geben.
- Die Tomaten in Scheiben schneiden und auf dem Spargel verteilen. Etwas mit Salz und Pfeffer würzen.
- Das Basilikum und die Petersilie kurz abbrausen, trockentupfen und fein hacken.
- Roquefort mit einer Gabel zerdrücken und mit der Sahne verrühren. Zitronensaft und die Kräuter unterrühren und mit Pfeffer würzen.
- Die Roquefortcreme auf dem Gemüse verteilen und zuerst mit den Semmelbröseln, dann mit dem geraspelten Hartkäse bestreuen.
- Im Backofen bei 180 °C etwa 20 Minuten gratinieren, bis die Oberfläche etwas angebräunt ist.

☐ Mit knusprigem Baguette und einem Glas Sancerre von der Loire oder einem Picpoul de Pinet aus dem Languedoc servieren.

Zucchini-Champignon-Auflauf
Gratin de courgettes et champignons

300 g Champignons
500 g Zucchini
4 EL Butter
Meersalz
frisch gemahlener weißer Pfeffer
etwas Butter oder Öl für die Auflaufform
3 Eier
2 Knoblauchzehen
1 TL Meersalz
½ Bund Petersilie
4 EL fein gehacktes Basilikum
1 EL fein gehackter Thymian
8 EL Weizenmehl (Type 1050)
500 ml Milch
½ Baguette vom Vortag
100 g geraspelter Mimolette oder Emmentaler

- Die Champignons mit feuchtem Küchenkrepp säubern und in Scheiben schneiden.
- Die Zucchini ebenfalls in Scheiben schneiden. Das Gemüse getrennt jeweils in zwei Esslöffeln Butter in der Pfanne anschwitzen. Mit Salz und Pfeffer abschmecken.
- Eine Auflaufform fetten und zuerst die Zucchini und dann die Champignons darin verteilen.
- Die Eier mit den durchgepressten Knoblauchzehen und dem Salz verquirlen. Die Petersilie kurz abbrausen, trockentupfen und fein hacken. Zusammen mit dem Basilikum und dem Thymian zu den Eiern geben und nochmals gut verrühren.
- Löffelweise das Mehl einarbeiten, dann langsam, unter ständigem Rühren, die Milch dazugießen und zu einem flüssigen Teig verarbeiten. Den Teig über das Gemüse gießen.
- Das Baguette grob würfeln, in eine Gefriertüte geben, gut verschließen und mit Hilfe eines Nudelholzes fein zerkrümeln.

- Zuerst die Baguettekrümel, dann den Käse über den Auflauf streuen und bei 200 °C etwa 35 Minuten backen, bis die Eiermasse gestockt und der Käse leicht gebräunt ist.

☐ Mit diesem Auflauf harmoniert ein trockener, fruchtiger Rosé entweder aus der Provence oder dem Languedoc.

Überbackener Chicorée mit Roquefort

Endives gratinées au Roquefort

4 große Chicorée
Saft einer halben Zitrone
Öl oder Butter für die Auflaufform
4 EL Olivenöl
1 Bund Petersilie
200 g Roquefort
150 g Crème fraîche
Meersalz
frisch gemahlener weißer Pfeffer

- Den Chicorée waschen und den Strunk jeweils keilförmig herausschneiden.
- Dann den Chicorée in kochendem Salzwasser, dem der Zitronensaft zugeben worden ist, etwa zehn Minuten bissfest garen. Gut abtropfen und etwas abkühlen lassen. Danach den Chicorée halbieren.
- Eine Auflaufform mit etwas Öl oder Butter fetten und die Chicoréehälften mit der Schnittfläche nach oben darin verteilen. Mit dem Olivenöl beträufeln.
- Die Petersilie kurz abbrausen, trockentupfen und fein hacken.
- Den Roquefort mit einer Gabel fein zerkrümeln, die Crème fraîche und die Hälfte der gehackten Petersilie unterrühren. Mit Salz und Pfeffer würzen.
- Die Käsemasse auf den Chicoréehälften verteilen und im Backofen bei 200 °C etwa 10 bis 15 Minuten gratinieren, bis der Käse zerlaufen und leicht angebräunt ist.
- Mit der verbliebenen Petersilie bestreuen und sofort servieren.

- ☐ Dieser Auflauf harmoniert wunderbar mit Zitronenreis oder kleinen, neuen, in Olivenöl geschwenkten Kartoffeln und einem trockenen, frischen Weißwein von der Loire, entweder einem Sancerre oder einem Muscadet von der Loiremündung.

Käsesoufflé
Soufflé au fromage

80 g Butter
80 g Weizenmehl (Type 1050)
1 MSP Trockenhefe
400 ml Milch
½ TL gemahlene Muskatnuss
1 TL mildes Paprikapulver
1 TL Meersalz
frisch gemahlener weißer Pfeffer
100 g Emmentaler oder Beaufort
100 g milder Blauschimmelkäse
4 Eier
1 MSP feines Meersalz
Butter für die Form

- Butter in einem Topf schmelzen und Mehl sowie Hefe unter ständigem Rühren hinzufügen. Zwei bis drei Minuten aufkochen lassen.
- Temperatur reduzieren, nach und nach die Milch einrühren. Fünf bis sechs Minuten unter Rühren kochen lassen, vom Herd nehmen.
- Muskatnuss- und Paprikapulver, Salz und Pfeffer unterrühren.
- Den Emmentaler raspeln, den Blauschimmelkäse in feine Würfel schneiden und ebenfalls unterrühren.
- Die Eier trennen und Eigelb einzeln mit der Käsemasse verrühren. Eiweiß mit einer Prise feinem Meersalz sehr steif schlagen und vorsichtig unter die Soufflémasse heben.
- Eine runde, feuerfeste Form mit Butter einpinseln und die Soufflémasse vorsichtig in die Form geben. Mit einem Messer zwischen dem Teig und der Form entlangfahren, damit das Soufflé gut aufgehen kann.
- Das Soufflé auf der mittleren Schiene des Backofens bei 180 °C 15 Minuten backen. Die Temperatur auf 200 °C erhöhen und weitere 30 bis 35 Minuten weiter backen lassen, bis die Oberfläche schön gebräunt ist.

☐ **Achtung:** Während der Backzeit nicht die Backofentür öffnen! Sofort servieren.

172

Diverse Eierspeisen und Pfannkuchen
Crêpes, Omelettes et Galettes

Vollkorn-Crêpes mit Paprika-Tomaten-Füllung
Crêpes à la basquaise

Für die Vollkorn-Crêpes:
150 g Weizenvollkornmehl
1 TL Backpulver
1 TL Meersalz
1 Ei
100 ml Wasser
150 ml Milch

Für die Füllung:
1 rote Zwiebel
4 Knoblauchzehen
4 EL Olivenöl
4 rote Paprika
4 Tomaten
½ Bund Basilikum
3 TL mildes Paprikapulver
1 MSP gemahlener roter Pfeffer aus dem Baskenland (Piment d'Espelette)
   ersatzweise Rosenpaprika
Meersalz

Für die Frischkäseschicht:
½ kleine Chilischote
200 g Frischkäse (Fettgehalt nach Wahl)
4 EL Tomatenmark
6 EL Milch oder Sahne
Meersalz
4 EL Sonnenblumen- oder Rapsöl
etwas Öl für die Auflaufform

- Für die **Crêpes** das Mehl mit dem Backpulver und dem Salz in einer Schüssel verrühren.
- In der Mitte des Mehls eine Mulde ausformen und das Ei hineinschlagen. Gut mit dem Mehl vermischen, dann nach und nach zuerst das Wasser und dann die Milch hinzufügen, bis ein glatter, relativ flüssiger Teig entsteht. Den Teig mindestens eine Stunde ruhen lassen.
- In der Zwischenzeit für die **Füllung** die Zwiebel und die Knoblauchzehen fein hacken und in der Hälfte des Olivenöls anbräunen.
- Die Paprika würfeln. Den Rest des Olivenöls in die Pfanne geben und die Paprikawürfel drei bis vier Minuten darin anschwitzen.
- Die Tomaten mit kochend heißem Wasser überbrühen, abschrecken, enthäuten und würfeln. Zu den Zwiebeln und den Paprika geben und etwa 10 bis 15 Minuten bei mittlerer Temperatur in der Pfanne schmoren lassen, bis das Gemüse weich ist.
- Das Basilikum kurz abbrausen, trockentupfen und fein hacken.
- Zusammen mit dem Paprikapulver und dem Pfeffer zum Gemüse geben und mit Salz abschmecken. Warm halten.
- Für die **Käseschicht** die Chilischote entkernen und sehr fein hacken.
- Den Frischkäse mit dem Tomatenmark und der Milch verrühren, die gehackte Chilischote dazugeben und mit etwas Salz abschmecken.
- Pro Crêpes einen Esslöffel Öl in einer flachen Pfanne erhitzen und hintereinander vier Crêpes ausbacken.
- Die Crêpes mit dem Paprikagemüse füllen, aufrollen und in eine gefettete Auflaufform legen. Mit dem angemachten Frischkäse bestreichen.
- Im Backofen bei 180 °C etwa 15 Minuten gratinieren, bis die Frischkäseschicht leicht gebräunt ist.
- Die heißen Crêpes sofort servieren.

Backofenomelette mit Zucchini
Omelette fondante aux courgettes

800 g Zucchini
2 EL Raps- oder Sonnenblumenöl
Meersalz
frisch gemahlener schwarzer Pfeffer
8 Eier
2 EL fein gehackter Schnittlauch
2 EL fein gehackte Petersilie
150 g Crème fraîche
200 g Fromage blanc (Fettgehalt nach Wahl)
   ersatzweise Speisequark
1 MSP Cayennepfeffer
Öl für die Auflaufform
2 Tomaten
etwa 100 g Sonnenblumen- oder Pinienkerne

- Zucchini waschen, trockentupfen und die Strunkenden abschneiden. Grob raspeln und im Rapsöl andünsten. Mit Salz und Pfeffer würzen.
- Die Eier schaumig schlagen, dann den Schnittlauch, die Petersilie, Crème fraîche und Fromage blanc unterrühren. Mit Cayennepfeffer sowie Salz und Pfeffer abschmecken.
- Eine runde, hochwandige Auflaufform mit Öl einpinseln, dann die Zucchini auf dem Boden verteilen.
- Die Eiermasse darübergießen und glatt streichen.
- Die Tomaten würfeln und auf der Eiermasse verteilen.
- Mit den Kernen bestreuen und im Backofen bei 200 °C etwa 25 Minuten backen, bis die Eier stocken und die Oberfläche etwas gebräunt ist.

- ☐ Dazu mundet ein fruchtiger Rosé von den Coteaux du Languedoc oder auch ein weißer, frischer Picpoul de Pinet.

Bretonische Buchweizenpfannkuchen
Galettes de sarrasin

Für etwa 10 Galettes:
250 g Buchweizenmehl
1 – 2 TL Meersalz
2 Eier
500 ml Milch
Butter für die Pfanne

- Das Mehl mit dem Salz in einer Schüssel vermischen, in der Mitte des Mehls eine Mulde ausformen und die Eier hineinschlagen.
- Die Eier gut mit dem Mehl vermischen, dann nach und nach die Milch hinzugießen und weiter rühren, bis ein flüssiger, aber dennoch cremiger Teig entsteht.
- Den Teig ein bis zwei Stunden im Kühlschrank ruhen lassen.
- Ein wenig Butter in einer flachen (Crêpes-)Pfanne erhitzen und pro Galette etwa eine große Schöpfkelle voll Teig in die heiße Pfanne gießen.
- Mit einem Teigschaber den Teig schnell als sehr dünne Schicht auf der heißen Fläche verteilen. Sobald der Teig stockt und auf der Unterseite etwas angebräunt ist (geht sehr schnell!), die Galette mit einem Pfannenwender umdrehen.
- Die fertigen Galettes auf einen flachen Teller geben und warm halten.

Galettes und Crêpes sind das bretonische Nationalgericht schlechthin. Manche Bretonen behaupten sogar, dass der Pfannkuchen in der Bretagne erfunden worden ist.

Sofern es sich um den Pfannkuchen aus Buchweizenmehl handelt, mögen sie sogar Recht haben. Da der Buchweizen im Gegensatz zu Weizen und anderem Getreide auf den kargen Böden der Bretagne vorzüglich gedieh, ist er dort seit dem Mittelalter weit verbreitet. Man aß die dünnen, etwas salzigen Pfannkuchen ohne Belag oder nur leicht gebuttert. Nur in den wohlhabenderen Gebieten von Rennes oder Vannes konnte man sich das teurere Weizenmehl leisten.

Heute ist die Galette aus Buchweizenmehl zur Pizza der Bretagne mutiert. Imbissstände, die Crêpes oder Galettes anbieten, gibt es in der Hauptsaison wie Sand am Meer. Entsprechend variantenreich sind inzwischen auch die Füllungen, mit denen die Buchweizenpfannkuchen angeboten werden. Neben Fleisch- und Fischfüllungen gibt es auch sehr schmackhafte vegetarische Alternativen. Einige davon sind:

- *Spiegelei und geraspelter Hartkäse*
- *Tomatenscheiben und Ziegenkäse*
- *Angedünstete Apfelscheiben und Camembert*
- *Auberginenpüree und geraspelter Hartkäse*
- *Paprikastreifen und Mozzarella*
- *Champignons in Béchamelsauce*

Der Fantasie sind – wie bei der Pizza – keine Grenzen gesetzt. Erlaubt ist, was Mund und Magen gefällt.

Einem Grundsatz bleibt jedoch auch der moderne Bretone treu: Die salzigen Galettes werden immer mit einer salzigen Füllung gegessen, die gesüßten Crêpes aus hellem Weizenmehl mit einer süßen. Das passende Begleitgetränk ist, wie könnte es in der Bretagne auch anders sein, der Cidre.

Buchweizenpfannkuchen mit Champignonfüllung
Galettes de sarrasin aux champignons

Für die Füllung:
500 g Champignons
2 Schalotten
4 EL Butter
1 Bund Schnittlauch
3 EL Weizenmehl (Type 1050)
250 ml heiße Milch
1 MSP gemahlene Muskatnuss
1 TL Meersalz
frisch gemahlener weißer Pfeffer
50 ml trockener Weißwein
  oder milde Gemüsebrühe oder sehr milder Apfelsaft (s. S. 50)

8 Buchweizenpfannkuchen (siehe Rezept auf Seite 175)

- Die Champignons mit feuchtem Küchenkrepp säubern und in Scheiben schneiden.
- Die Schalotten fein hacken und in zwei Esslöffeln Butter anschwitzen. Die Champignons dazugeben und unter häufigem Rühren garen, bis sie weich sind.
- Den Schnittlauch in feine Röllchen schneiden und zu den Champignons geben. In der Pfanne warm halten.
- In einem kleinen Suppentopf zwei Esslöffel Butter zum Schmelzen bringen und mit dem Mehl bestäuben. Nach und nach und unter ständigem Rühren die heiße Milch dazugießen und so lange rühren, bis eine sämige Sauce entstanden ist. Mit Muskatnuss, Salz und Pfeffer abschmecken. Den Wein unterrühren.
- Die Sauce zu den Champignons geben und gründlich vermischen. Nochmals gut erwärmen und die Buchweizenpfannkuchen damit füllen. Sofort servieren.

Kichererbsenmehlpfannkuchen aus Nizza
Socca niçoise au four

Für 2 flache, feuerfeste Pfannen:
500 ml Wasser
250 g Kichererbsenmehl
2 TL Meersalz
6 EL Olivenöl
frisch gemahlener schwarzer Pfeffer

- Das Wasser in eine Rührschüssel gießen und unter ständigem Rühren mit einem Schneebesen das Kichererbsenmehl einrieseln lassen. So lange rühren, bis ein cremiger, etwas flüssiger Teig entsteht.
- Das Salz und zwei Esslöffel Olivenöl unterrühren und den Teig etwa 15 Minuten ruhen lassen.
- Den Backofen auf 250 °C vorheizen.
- Jeweils zwei Esslöffel Olivenöl in die Pfannen geben und diese fünf Minuten im Backofen erhitzen.
- Den Teig dünn auf die Pfannen verteilen und mit einem Spatel glätten.
- Die Pfannen auf die oberste Schiene im Backofen stellen und den Teig drei bis vier Minuten backen lassen. Dann nur mit Oberhitze oder dem Grill (Maximaltemperatur) weiterarbeiten und den Teig fünf bis sieben Minuten bräunen lassen.
- Dabei den Teig gut im Auge behalten. Wie bei einer Pizza darf er sehr braun werden, aber nicht verbrennen.
- Eventuell auftretende Bläschen mit der Messerspitze aufstechen.
- Pfannkuchen aus dem Ofen nehmen, in Portionen teilen und jede Portion üppig mit Pfeffer bestreuen.
- Noch ofenheiß servieren.

□ Tipp: Weil in den meisten handelsüblichen Backöfen nur eine Pfanne pro Schiene Platz findet, empfiehlt es sich, in zwei Arbeitsschritten zu arbeiten. Dabei die fertig gebackene Socca jedoch nicht stehen lassen, sondern sofort servieren und dann erst die zweite Portion zubereiten. Wenn keine entsprechenden Pfannen zur Verfügung stehen, kann man sich mit einer Tarteform behelfen.

Omelette auf bretonische Art
Omelette bretonne

1 Zwiebel
1 Stange Lauch
8 Champignons
4 EL Butter
½ Bund Petersilie
12 Eier
Meersalz
frisch gemahlener schwarzer Pfeffer

- Die Zwiebel fein hacken, den Lauch in feine Ringe schneiden.
- Die Champignons mit feuchtem Küchenkrepp säubern und in dünne Scheiben schneiden.
- Zuerst die Zwiebel in einem Esslöffel Butter anschwitzen, dann einen weiteren Esslöffel Butter dazugeben und den Lauch und die Champignons ebenfalls in der Pfanne andünsten.
- Die Petersilie kurz abbrausen, trockentupfen und fein hacken.
- Die Eier schaumig aufschlagen und die Petersilie unterrühren. Mit Salz und Pfeffer würzen.
- Den Rest der Butter in die Pfanne geben und die Eiermasse darübergießen. Die Omelette langsam bei mittlerer Temperatur stocken lassen.

☐ In vier Portionen aufteilen und sofort mit knusprigem Holzofenbrot und einem Glas Bier oder auch trockenem Cidre servieren.

Omelette auf baskische Art
Piperade basquaise

6 reife Tomaten
3 grüne Paprika
2 große Zwiebeln
2 – 4 Knoblauchzehen
2 EL Olivenöl
1 Bund Petersilie
8 Eier
Meersalz
frisch gemahlener schwarzer Pfeffer
1 MSP gemahlener roter Pfeffer (vorzugsweise aus dem Baskenland, Piment d'Espelette)
  ersatzweise Rosenpaprika

- Die Tomaten mit kochend heißem Wasser überbrühen, kurz abschrecken, dann die Haut abziehen und achteln.
- Die Paprikaschoten waschen, entkernen und in dünne Streifen schneiden. Die Zwiebeln und den Knoblauch fein hacken.
- Das Öl in einer hochwandigen Pfanne erhitzen, zuerst die Zwiebeln und den Knoblauch glasig dünsten, dann die Paprika hinzufügen und ebenfalls kurz andünsten.
- Die Tomaten hinzufügen und das Gemüse etwa 20 Minuten mit geschlossenem Deckel und unter gelegentlichem Rühren einkochen. Das Gemüse muss vor Zugabe der Eier »trocken« sein, es darf also keinen Saft mehr abgeben.
- Die Petersilie kurz abbrausen, trockentupfen und fein hacken.
- Die Eier in eine Schüssel schlagen und mit dem Schneebesen verrühren. Die gehackte Petersilie dazugeben und kräftig mit Salz und Pfeffer abschmecken.
- Die Eiermasse über die Pfanne gießen und bei mittlerer Temperatur stocken lassen.
- Die Eiermasse sollte jedoch nicht ganz hart werden, so dass die Piperade, rein kochtechnisch gesehen, ein Mittelding zwischen Rührei und Omelette ist.

■ Vor dem Servieren mit einer Prise rotem Pfeffer würzen und ofenfrisches Baguette dazu reichen.

☐ Traditionell wird die Piperade mit einer dicken Scheibe Bayonne-Schinken gegessen. Ein würziger Schafskäse *(fromage de brebis)* aus dem Baskenland ist jedoch eine würdige vegetarische Alternative. Für den größeren Hunger empfiehlt es sich, zu der Piperade in Olivenöl geschwenkte grüne Bohnen und Kartoffeln zu reichen.
Der wahre Gourmet genießt dazu einen »schwarzen« Madiran oder einen Irouléguy von den Südhängen der Pyrenäen. Falls diese beiden Rotweine auf deutschem Boden schwer zu beschaffen sind, mundet ein Glas Cahors oder ein kräftiger Bergerac gleichermaßen dazu.

Kleine Omelette-Kunde
Omelettes sind bei Kindern wie bei Erwachsenen gleichermaßen beliebt. Sie sind schnell und leicht zubereitet und können je nach Appetit und Saison mit den verschiedensten Würzzutaten angereichert werden.
Grundzutaten für eine Omelette sind Eier, Salz und Pfeffer. Pro Person rechnet man traditionell mit drei Eiern pro Omelette. Hinzu kommen Kräuter, Zwiebeln, klein geschnittenes Gemüse und Käse. Für den kleinen Hunger genügen auch zwei Eier pro Person.
Für die erfolgreiche Omelettezubereitung ist die Verwendung einer großen Pfanne mit Antihaftbeschichtung zu empfehlen. Hier reicht oft ein Esslöffel Butter oder Öl aus, damit die Omelette nicht am Pfannengrund kleben bleibt und beim Wenden oder Herausgleiten zerreißt.
Wer dünnere Omelettes liebt, kann die einzelnen Portionen auch einzeln ausbacken und die Omelette zusammengeklappt servieren.

Omelette auf provenzalische Art
Omelette provençale

1 Zwiebel
2 Knoblauchzehen
2 EL Olivenöl
1 große rote Paprika
1 Zucchini
3 Tomaten
8 Eier
1 EL fein gehackter Thymian
1 EL fein gehacktes Basilikum
1 EL fein gehackter Majoran
1 TL fein gehackter Rosmarin
1 TL fein gehackter Estragon
Meersalz
frisch gemahlener schwarzer Pfeffer

- Die Zwiebel und die Knoblauchzehen fein hacken und im Olivenöl anbräunen.
- Die Paprika würfeln, die Zucchini in dünne Scheiben und die Tomaten in dünne Halbmonde schneiden.
- Zuerst die Paprika zu den Zwiebeln geben und in drei bis vier Minuten ebenfalls leicht anbräunen. Dann die Temperatur etwas reduzieren, die Zucchinischeiben hinzufügen und drei bis vier Minuten köcheln lassen. Zuletzt die Tomaten vorsichtig unterrühren und ebenfalls in etwa fünf Minuten weich werden lassen.
- Die Eier mit den Kräutern verrühren und mit Salz und Pfeffer würzen.
- Die Eiermasse über das Gemüse gießen und bei mittlerer Temperatur langsam stocken lassen.

☐ Mit frischem Baguette und einem gut gekühlten Rosé von den Côtes de Provence servieren.

Omelette mit Champignons und Comté
Omelette aux champignons et comté

500 g Champignons
2 Knoblauchzehen
3 EL Butter
12 Eier
10 EL Sahne
2 EL fein gehackter Thymian
100 g geraspelter Hartkäse, z. B. Comté
Meersalz
frisch gemahlener schwarzer Pfeffer

- Die Champignons mit feuchtem Küchenkrepp säubern und in dünne Scheiben schneiden.
- Den Knoblauch fein hacken und in einem Esslöffel Butter anbräunen.
- Die restliche Butter hinzufügen und die Champignons bei hoher Temperatur und unter häufigem Rühren andünsten.
- Die Eier zusammen mit der Sahne schaumig schlagen, den Thymian und den geraspelten Comté hinzufügen und mit Salz und Pfeffer abschmecken.
- Die Eiermasse über die Champignons gießen und die Omelette bei mittlerer Temperatur langsam stocken lassen.

Omelette mit Knoblauchcroûtons
Omelette aux croûtons d'ail

2 Knoblauchzehen
3 Scheiben Roggenbrot oder Roggenvollkorntoast vom Vortag
3 EL Olivenöl
½ Bund Schnittlauch
8 Eier
200 g Crème fraîche
1 – 2 TL Meersalz
frisch gemahlener weißer Pfeffer

- Die Knoblauchzehen schälen, halbieren und die Brotscheiben damit kräftig einreiben. Danach das Brot in Würfel schneiden.
- Das Olivenöl erhitzen und die Croûtons darin von allen Seiten kross braten. Danach die Croûtons aus der Pfanne nehmen.
- Den Schnittlauch kurz abbrausen, trockentupfen und in feine Röllchen schneiden.
- Die Eier schaumig rühren und die Crème fraîche unterziehen. Mit Salz und Pfeffer abschmecken.
- Den Schnittlauch unterrühren.
- Die Hälfte der Eiermasse in die Pfanne gießen. Die Croûtons darauf verteilen, dann den Rest der Eiermasse darübergeben.
- Bei mittlerer Temperatur langsam stocken lassen.

Beilagen
Garnitures

Bratkartoffeln auf provenzalische Art
Pommes de terre roties aux herbes de provence

1 kg Kartoffeln
2 Knoblauchzehen
4 – 6 (nicht zu kleine) Frühlingszwiebeln
4 EL Olivenöl
3 EL milder Weißweinessig
2 EL fein gehacktes Basilikum
1 EL fein gehackter Thymian
1 EL fein gehackter Majoran
1 TL fein gehackter Rosmarin
Meersalz
frisch gemahlener schwarzer Pfeffer

- Die Kartoffeln schälen, mit Küchenkrepp abreiben (nicht waschen!) und in Stifte schneiden.
- Die Knoblauchzehen fein hacken. Die Frühlingszwiebeln in Ringe schneiden.
- Den Knoblauch und die Frühlingszwiebeln in einem Esslöffel Olivenöl anschwitzen.
- Das restliche Olivenöl in die Pfanne geben und die Kartoffelstifte langsam und von allen Seiten anbraten.
- Wenn die Kartoffeln außen kross sind, den Weißweinessig und die gehackten Kräuter hinzufügen. Die Kartoffeln mit geschlossenem Deckel und bei mittlerer Temperatur etwa 15 Minuten zu Ende garen.
- Den Deckel entfernen, die Temperatur erhöhen und die Kartoffeln unter häufigem Rühren drei bis vier Minuten abdampfen lassen.
- Mit Salz und Pfeffer abschmecken und sofort servieren.

Tomatensoufflé
Tomates soufflés

2 kleine Eier
1 MSP Meersalz
100 g Ziegenkäse (von einer Käserolle)
2 Knoblauchzehen
2 EL fein gehackter Rosmarin
2 TL Johannisbrotkernmehl
1 TL Meersalz
frisch gemahlener weißer Pfeffer
4 Fleischtomaten
Butter oder Öl für die Auflaufform

- Die Eier trennen. Das Eiweiß mit dem Meersalz steif schlagen.
- Den Ziegenkäse fein würfeln und mit dem Eigelb verrühren. Die durchgepressten Knoblauchzehen, den Rosmarin und das Johannisbrotkernmehl dazugeben, mit Salz und Pfeffer abschmecken.
- Von den Tomaten einen Deckel abschneiden und den Stielansatz mit einem scharfen Messer herausschneiden. Das Fruchtfleisch auskratzen, fein würfeln und zu der Eiermasse geben.
- Das steif geschlagene Eiweiß vorsichtig unter die Masse heben.
- Das Innere der Tomaten mit Küchenkrepp trocknen und die Soufflémasse in die ausgehöhlten Tomaten füllen.
- Den Deckel aufsetzen, die Tomaten in die gefettete Auflaufform geben und im Backofen bei 180 °C etwa 30 Minuten garen.

Gefüllte Riesenchampignons mit Frischkäse
Champignons farcis

4 Riesenchampignons
1 – 2 EL Zitronensaft
etwas Butter oder Rapsöl für die Auflaufform
1 Schalotte
1 Knoblauchzehe
2 EL Butter oder Rapsöl
50 g Semmelbrösel
4 EL Hefeflocken
1 EL fein gehackter Rosmarin
1 EL fein gehackter Majoran
8 EL Doppelrahm-Frischkäse
4 EL Crème fraîche
Meersalz
frisch gemahlener schwarzer Pfeffer

- Die Riesenchampignons mit feuchtem Küchenkrepp säubern und die Stiele abtrennen. Das Innere der Champignons sofort mit etwas Zitronensaft beträufeln, um Verfärbungen zu vermeiden.
- Die ausgehöhlten Champignons in eine gefettete Auflaufform geben.
- Den unteren Teil der Stiele abtrennen, den Rest fein würfeln und zusammen mit der fein gehackten Schalotte und der gehackten Knoblauchzehe in der Butter anschwitzen.
- Die Semmelbrösel, Hefeflocken, den Rosmarin, Majoran, den Doppelrahm-Frischkäse und die Crème fraîche dazugeben und mit Salz und Pfeffer abschmecken.
- Die Champignons mit der Masse füllen, dabei die Füllung etwas andrücken. Falls noch etwas von der Frischcrememasse übrig sein sollte, in die Zwischenräume in die Form geben.
- Die Riesenchampignons bei 180 °C im Backofen etwa 30 Minuten backen, bis das Fruchtfleisch weich und die Kruste kross ist.

Gefüllte Zucchini auf provenzalische Art
Courgettes farcies à la provençale

4 mittelgroße Zucchini
6 EL Olivenöl
Meersalz
frisch gemahlener schwarzer Pfeffer
2 Schalotten
2 Knoblauchzehen
1 EL getrocknete Kräuter der Provence
5 EL Pinienkerne
6 EL Semmelbrösel
140 g Tomatenmark
4 EL rote Tapenade (siehe Seite 133)
6 EL geraspelter Emmentaler oder Beaufort
1 TL mildes Paprikapulver

- Die Zucchini waschen, die Strunkenden abschneiden und die Zucchini in Längsrichtung halbieren. Mit einem scharfkantigen Löffel oder einem Kugelausstecher aushöhlen und auf ein mit Backpapier ausgelegtes Backblech geben.
- Jede Zucchinihälfte mit einem Teelöffel Olivenöl einpinseln, etwas salzen und pfeffern und im Backofen bei 160 °C etwa 15 Minuten schmoren lassen.
- Das Zucchinifleisch fein würfeln.
- Die Schalotten und die Knoblauchzehen fein hacken und in den verbliebenen zwei Esslöffeln Olivenöl anschwitzen. Das Zucchinifleisch und die Kräuter der Provence dazugeben und zehn Minuten schmoren lassen.
- In der Zwischenzeit die Pinienkerne in der trockenen Pfanne anrösten.
- Das Zucchinifleisch mit den Pinienkernen, den Semmelbröseln, dem Tomatenmark, der Tapenade und dem geriebenen Emmentaler vermischen. Mit Paprikapulver, Salz und Pfeffer abschmecken.
- Die Zucchinihälften mit der Masse füllen und bei 180 °C nochmals 10 bis 15 Minuten in den Backofen geben.

Geschmorter Fenchel
Fenouil braisé

2 große Fenchelknollen
3 kleine Schalotten
2 Knoblauchzehen
2 EL Olivenöl
150 ml trockener Weißwein
   ersatzweise milde Gemüsebrühe (s. S. 50) mit einem Spritzer Zitronensaft
4 Tomaten
3 EL fein gehackter Majoran
1 EL fein gehackter Oregano
1 EL fein gehackter Thymian
1 TL Fenchelsamen
140 g Tomatenmark
Meersalz
frisch gemahlener schwarzer Pfeffer

- Die Fenchelknollen vierteln, den harten Strunk heraustrennen und in dünne Spalten schneiden.
- Die Schalotten und Knoblauchzehen fein würfeln und im heißen Olivenöl anschwitzen.
- Den Fenchel dazugeben und ebenfalls anschwitzen. Nach fünf Minuten mit dem Weißwein ablöschen.
- Die Tomaten mit kochend heißem Wasser überbrühen, abschrecken, enthäuten und würfeln. Zu dem Fenchel geben und 15 Minuten bei mittlerer Temperatur und gelegentlichem Rühren schmoren lassen.
- Die fein gehackten Kräuter, den Fenchelsamen und das Tomatenmark unterrühren, mit Salz und Pfeffer abschmecken und nochmals fünf Minuten schmoren lassen.
- Noch heiß servieren.

Grilltomaten auf provenzalische Art
Tomates à la provençale

4 Fleischtomaten
1 Bund Petersilie
2 – 3 Knoblauchzehen
8 EL Semmelbrösel
Meersalz
frisch gemahlener schwarzer Pfeffer
etwas Olivenöl für die Auflaufform
8 TL Olivenöl

- Die Tomaten halbieren und, falls gewünscht, die Kerne entfernen.
- Die Petersilie kurz abbrausen, trockentupfen und fein hacken.
- Die Knoblauchzehen durchpressen und mit den Semmelbröseln und der Petersilie vermischen. Die Masse mit Salz und Pfeffer abschmecken.
- Die Tomatenhälften in eine gefettete Auflaufform geben und die Kräutermasse auf die Tomaten streichen. Jede Hälfte mit einem Teelöffel Olivenöl beträufeln.
- Die Tomaten im Backofen auf mittlerer Schiene bei eingeschaltetem Grill oder Oberhitze bei 220 °C etwa 15 Minuten gratinieren.

Kartoffelbrioches vom Backblech
Brioches de pommes de terre

800 g Kartoffeln
Meersalz
50 g Butter
100 ml Milch
2 Eier
frisch gemahlener weißer Pfeffer
1 Eigelb
etwas mildes Paprikapulver

- Die Kartoffeln schälen, würfeln und in reichlich Salzwasser weich kochen.
- Die gekochten Kartoffeln abtropfen lassen, dann durch eine Kartoffelpresse drücken oder mit einem Kartoffelstampfer zu Brei verarbeiten.
- Die Butter und die Milch unterrühren, so dass der Kartoffelbrei schön cremig wird. Etwas abkühlen lassen.
- Die Eier trennen und das Eigelb in den Kartoffelbrei einrühren.
- Das Eiweiß mit einer Prise Salz sehr steif schlagen und vorsichtig unterziehen.
- Den Kartoffelbrei mit Salz und Pfeffer abschmecken.
- Ein Backblech mit Backpapier auslegen.
- Mit einem Löffel Kartoffelbrioches auf das Backblech setzen: zuerst einen gehäuften Esslöffel Kartoffelbrei auf das Backblech geben und etwas glätten. Dann einen gehäuften Teelöffel Kartoffelbrei darauf setzen und ebenfalls etwas glätten.
- Die Kartoffelbrioches mit dem verrührten Eigelb bestreichen und mit etwas Paprikapulver bestäuben.
- Im Backofen bei 180 °C etwa 30 Minuten backen, bis die Kartoffelbrioches fest geworden sind und die Oberfläche etwas gebräunt ist.

Kartoffel-Zwiebel-Püree
Purée Soubise

500 g Kartoffeln
500 g Zwiebeln
Wasser
1 EL Butter
3 EL Hefeflocken
1 TL gemahlene Kurkuma
150 ml heiße Milch
1 – 2 TL Meersalz

- Die Kartoffeln schälen und in Würfel schneiden.
- Die Zwiebeln schälen und ebenfalls würfeln.
- Die Kartoffel- und Zwiebelwürfel mit etwas Wasser bedecken und sehr weich kochen. Das Wasser abgießen und die Masse mit einem Kartoffelstampfer zu Brei stampfen.
- Die Butter, Hefeflocken, Kurkuma und heiße Milch unterrühren. Mit Salz abschmecken und sofort servieren.

Das Püree ist nach Charles de Rohan, Prince de Soubise (1715 – 1787), benannt. Er war ein enger Vertrauter von Ludwig XV., der ihm nach dem Sieg bei Sondershausen den Marschallstab verlieh. Sein militärischer Erfolg war eher bescheiden: In mehr als achtzig Schlachten, die er bestritten hat, konnte er nicht einen einzigen Sieg davontragen.

Vielleicht lag sein mangelndes Kriegsglück daran, dass er sich auch auf dem Schlachtfeld seiner eigentlichen Leidenschaft widmete: dem Essen und Trinken. Wenn Soubise in den Krieg zog, begleitete ihn stets sein Küchenchef und ein mit besten Weinen und Viktualien ausgestatteter Küchenwagen. In diesem wurde auch die Zwiebelzubereitung »Soubise« kreiert, die noch heute in vielen Saucen und Pürees an den schlemmerfreudigen Prince de Soubise erinnert.

Das Originalrezept des Küchenchefs Marin enthält neben einer stattlichen Menge an Butter und Crème fraîche noch mindestens zwei Eigelb. Die hier aufgeführte, etwas schlankere Version, erhält ihre goldgelbe Farbe von der Kurkuma und ist mindestens genauso schmackhaft.

Mit Zucchiniraspeln gefüllte Tomaten
Tomates farcies aux courgettes

4 Zwiebäcke
etwas Wasser
1 kleine Zucchini
1 Schalotte
1 Bund Petersilie
4 große Fleischtomaten
Meersalz
frisch gemahlener schwarzer Pfeffer
etwas Öl oder Butter für die Auflaufform
1 Knoblauchzehe
4 EL Olivenöl

- Die Zwiebäcke in etwas Wasser einweichen.
- Die Zucchini waschen, die Strunkenden entfernen und die Zucchini grob raspeln.
- Die Schalotte grob hacken.
- Die Petersilie kurz abbrausen, trockentupfen und fein hacken.
- Von den Tomaten einen Deckel abschneiden, das Fruchtfleisch mit einem Löffel auskratzen und in den Mixbehälter der Küchenmaschine geben.
- Die ausgehöhlten Tomaten salzen und pfeffern und in die gefettete Auflaufform geben.
- Die Zwiebäcke mit den Händen gut auspressen.
- Die Zucchiniraspel, die grob gehackte Schalotte, die durchgepresste Knoblauchzehe sowie die ausgepressten Zwiebäcke ebenfalls in den Mixbehälter der Küchenmaschine geben und fein pürieren. Die Petersilie untermischen und mit Salz und Pfeffer abschmecken.
- Die Zucchinimasse in die ausgehöhlten Tomaten füllen, die Deckel aufsetzen und jede Tomate mit einem Esslöffel Olivenöl beträufeln. Falls noch etwas von der Zucchinimasse übrig sein sollte, die Zwischenräume in der Form damit ausfüllen.
- Im Backofen bei 180 °C etwa 30 bis 35 Minuten backen.

Weiße Bohnen in Rotweinsauce
Haricots blancs à la bourguignonne

300 g weiße Bohnen
1 Zwiebel
2 Knoblauchzehen
3 EL Olivenöl
2 Karotten
2 mittelgroße Kartoffeln
200 ml Wasser
2 Lorbeerblätter
200 ml trockener Rotwein oder Tomatensaft
1 EL fein gehackter Thymian
1 EL fein gehackter Rosmarin
140 g Tomatenmark
Meersalz
frisch gemahlener schwarzer Pfeffer

- Die Bohnen über Nacht in reichlich Wasser einweichen und am nächsten Tag bissfest garen.
- In ein Sieb geben und gut abtropfen lassen.
- Die Zwiebel und die Knoblauchzehen fein hacken und in einem Esslöffel Olivenöl anschwitzen.
- Die Karotten und die Kartoffeln würfeln, zu der Zwiebel geben und im restlichen Olivenöl anschwitzen. Mit dem Wasser ablöschen.
- Die Lorbeerblätter dazugeben, den Deckel auflegen und das Gemüse etwa 15 Minuten schmoren lassen, bis die Kartoffeln und Karotten weich sind.
- Die Bohnen und den Rotwein sowie die gehackten Kräuter hinzufügen und 30 Minuten unter gelegentlichem Rühren schmoren lassen.
- Die Lorbeerblätter entfernen, das Tomatenmark unterrühren und mit Salz und Pfeffer abschmecken.

- ☐ Die Bohnen zu Reis, Kartoffelpüree oder Nudeln servieren. Zusammen mit einem grünen Salat und knusprigem Baguette ergibt sich jedoch auch eine komplette Mahlzeit.

Algen – Genuss aus dem Meer
Légumes de la mer

Algenbutter
Beurre d'algues

4 EL getrockneter »Meeressalat«
   (Mischung aus Dulse, Nori und Meereslattich)
200 ml trockener Weißwein oder Wasser
½ Bund Petersilie
125 g weiche Butter
Saft einer halben, kleinen Zitrone
Meersalz
frisch gemahlener weißer Pfeffer

- Den Meeressalat kurz unter fließendem Wasser abspülen, dann zehn Minuten einweichen.
- Algen in ein Sieb geben und etwas abtropfen lassen. Mit dem Weißwein in einem kleinen Topf zum Kochen bringen. Kurz aufwallen lassen, dann vom Herd nehmen und fünf Minuten ziehen lassen.
- Meeresssalat danach in ein Sieb geben und gut abtropfen und abkühlen lassen.
- Die Petersilie kurz abbrausen, trockentupfen und fein hacken.
- Die Butter mit dem Zitronensaft, der Petersilie sowie den Algen verrühren. Mit Salz und Pfeffer abschmecken.
- Im Kühlschrank mindestens eine Stunde ziehen lassen.

☐ Algenbutter zu frischem Baguette oder auch mit Toasthälften servieren. Aber auch gekochtes Gemüse wie zum Beispiel Artischocken, Blumenkohl oder Brokkoli erhält durch Algenbutter einen delikaten Geschmack.

Blumenkohlcremesuppe mit Algen und Frühlingskräutern
Velouté de choux-fleurs aux algues et fines herbes

1 kleiner Blumenkohl
4 EL getrockneter »Meeressalat« (Mischung aus Dulse, Nori, Meereslattich)
4 mittelgroße Kartoffeln
500 ml Wasser
500 ml Milch
150 g Crème fraîche
2 MSP gemahlene Muskatnuss
4 EL fein gehackte Petersilie
2 EL fein gehackter Schnittlauch
1 EL fein gehackter Kerbel
1 EL fein gehackter Estragon
Meersalz
frisch gemahlener weißer Pfeffer

- Den Blumenkohl von Blättern und Strunk befreien und in Röschen teilen. Diese etwa zehn Minuten in kaltes Salzwasser legen, danach abtropfen lassen.
- Den Meeressalat kurz unter fließendem Wasser abspülen, dann zehn Minuten einweichen lassen. In ein Sieb geben und abtropfen lassen.
- Die Kartoffeln schälen und würfeln.
- Die Kartoffeln und Blumenkohlröschen in dem Wasser sehr weich garen. Mit dem Stabmixer oder in der Küchenmaschine fein pürieren, dabei nach und nach die Milch hinzufügen. Sollte die Suppe noch zu sämig sein (hängt von der Beschaffenheit der Kartoffeln und des Blumenkohls ab), noch etwas Milch oder Wasser hinzufügen.
- Den Meeressalat unterrühren und die Suppe nochmals gut zehn Minuten köcheln lassen.
- Dann die Crème fraîche, die Muskatnuss und die fein gehackten Kräuter unterrühren. Die Suppe weitere fünf Minuten erwärmen, dann mit Salz und Pfeffer abschmecken und servieren.

Eier auf Algenbett mit Sahne
Œufs aux algues et à la crème

Für 4 kleine Auflaufformen:
4 EL getrocknete Dulseflocken
etwas Butter oder Öl für die Auflaufformen
8 EL Sahne
etwas frisch gemahlener weißer Pfeffer
4 große Eier
4 MSP Meersalz

- Die Dulse kurz mit fließendem Wasser abbrausen, dann fünf Minuten in lauwarmem Wasser quellen lassen. Gut abtropfen lassen und falls notwendig, etwas zerkleinern.
- Die kleinen Auflaufformen mit Butter oder Öl auspinseln und die Dulse darin verteilen.
- In jede Auflaufform zwei Esslöffel Sahne geben und mit etwas Pfeffer bestreuen.
- Die Eier vorsichtig aufschlagen und auf die Sahne gleiten lassen. Auf jedes Eigelb eine Messerspitze Salz streuen.
- Die Eier im Backofen bei 160 °C im Wasserbad stocken lassen und mit Vollkorntoast servieren.

Frischkäsetarte mit Algen
Tarte au fromage frais et aux algues

60 g Butter
300 g Weizenvollkornmehl
1 TL Meersalz
150 g Fromage blanc
    ersatzweise Speisequark (20 % Fettgehalt)
etwa 50 ml Wasser
etwas Butter oder Öl für die Springform
6 EL getrockneter »Meeressalat«
    (Mischung aus Dulse, Nori und Meereslattich)
200 g Frischkäse
150 g Crème fraîche
3 Eier
4 EL fein gehackte Petersilie
4 EL fein gehackter Schnittlauch
2 EL fein gehackter Kerbel
2 EL fein gehackter Sauerampfer
2 EL fein gehackter Estragon
2 Knoblauchzehen
1 TL Meersalz
frisch gemahlener weißer Pfeffer

- Die Butter zum Schmelzen bringen.
- Das Weizenvollkornmehl mit dem Meersalz in einer Schüssel vermischen. In der Mitte des Mehls eine Kuhle ausformen und die geschmolzene Butter hineingießen.
- Den Fromage blanc dazugeben und mit dem Mehl vermischen. Nach und nach das Wasser hinzugeben. Die benötigte Wassermenge richtet sich nach der Beschaffenheit des Mehls. Falls nötig, noch etwas Wasser hinzufügen und alles zu einem geschmeidigen Teig verkneten.
- Den Teig zu einer Kugel formen, in Frischhaltefolie wickeln und eine Stunde im Kühlschrank ruhen lassen.
- Die Algen in einem Sieb unter fließendem Wasser abbrausen und zehn Minuten in einem Topf in lauwarmem Wasser einweichen.

- Das Einweichwasser wegschütten, erneut mit Wasser aufgießen und zum Kochen bringen. Einmal aufwallen lassen, dann vom Herd nehmen und fünf Minuten ziehen lassen. Die Algen in ein Sieb geben und sehr gut abtropfen lassen. Die Algen dürfen kaum noch Kochwasser enthalten. Etwas abkühlen lassen.
- Den Frischkäse und die Crème fraîche verrühren.
- Die Eier mit den Kräutern, den Algen und den durchgepressten Knoblauchzehen vermischen. Die Frischkäsemasse unterziehen und mit Salz und Pfeffer würzen.
- Den Teig in eine gefettete Springform geben, gleichmäßig verteilen, glätten und einen etwa drei Zentimeter hohen Rand ausformen. Im auf 200 °C vorgeheizten Backofen zehn Minuten vorbacken.
- Dann die Frischkäse-Algen-Mischung auf dem Teig verteilen und glatt streichen. Etwa 30 Minuten bei 200 °C backen, bis die Oberfläche leicht gebräunt ist.

☐ Noch heiß mit einem gut gekühlten Entre-Deux-Mers oder einem Muscadet aus der Region von Nantes servieren.

Hafercremesuppe mit Dulse
Crème à l'avoine et dulse

4 EL getrocknete Dulseflocken
1 große Zwiebel
1 EL Sonnenblumen- oder Rapsöl
4 Kartoffeln
1 Knoblauchzehe
8 EL Haferflocken
900 ml Wasser
4 EL Hefeflocken
½ Bund Schnittlauch
Meersalz
frisch gemahlener weißer Pfeffer

- Die Algen kurz abbrausen, mit lauwarmem Wasser übergießen und quellen lassen.
- Die Zwiebel würfeln und im Öl anschwitzen.
- Die Kartoffeln würfeln und mit der durchgepressten Knoblauchzehe und den Haferflocken zu den Zwiebelwürfeln geben.
- Mit 300 ml Wasser aufgießen und 15 Minuten köcheln lassen, bis die Kartoffeln weich sind.
- Dann die abgetropften Algen dazugeben und mit dem Stabmixer pürieren.
- Den Rest des Wasser dazugießen, die Hefeflocken unterrühren und nochmals zehn Minuten köcheln lassen.
- Den Schnittlauch kurz abbrausen, trockentupfen und in feine Röllchen schneiden.
- Die Hafercremesuppe mit Salz und Pfeffer abschmecken, den Schnittlauch unterrühren und sofort servieren.

Karottensalat mit Dulseflocken
Salade de carottes à la dulse

4 EL Rosinen
4 EL getrocknete Dulseflocken
6 große Karotten
½ Bund Schnittlauch
4 EL Sonnenblumenkerne
1 Hand voll Alfalfasprossen
4 EL Rapsöl
1 EL Senf nach altfranzösischer Art (Moutarde à l'ancienne)
1 EL Sojasauce
1 EL Apfelessig
Saft einer halben Zitrone
frisch gemahlener weißer Pfeffer

- Die Rosinen 15 Minuten in heißem Wasser quellen lassen.
- Die Dulseflocken mit lauwarmem Wasser übergießen und ebenfalls quellen lassen.
- Die Karotten schälen und grob reiben.
- Den Schnittlauch kurz abbrausen, trockentupfen und in feine Röllchen schneiden.
- Die Rosinen und die Dulseflocken gut abtropfen lassen und zusammen mit den geriebenen Karotten, den Sonnenblumenkernen, den Alfalfasprossen und dem Schnittlauch in einer Salatschüssel vermischen.
- Aus den übrigen Zutaten eine Vinaigrette herstellen, über den Salat geben, gut durchmischen und etwas ziehen lassen.

☐ Mit Roggenbrot und gesalzener Butter servieren.

Kartoffelsalat mit Meerbohnen und Tofu
Salade de pommes de terre aux haricots de mer et au tofu

Für den marinierten Tofu:
250 g Tofu (natur)
1 Schalotte
1 Knoblauchzehe
Saft einer Zitrone
1 TL Meersalz
frisch gemahlener weißer Pfeffer
3 EL Raps- oder Sonnenblumenöl
1 EL mittelscharfer Senf
2 EL fein gehackte Petersilie
2 EL fein gehackter Dill
2 EL fein gehackter Kerbel

Für den Salat:
800 g Kartoffeln
4 EL getrocknete Meerbohnen (Haricots de mer)
3 Frühlingszwiebeln
1 große Tomate
3 EL mild eingelegte Kapern
200 g Naturjoghurt
1 EL Leinöl oder Sonnenblumenöl
1 – 2 EL milder Weißwein- oder Apfelessig
2 EL fein gehackte Petersilie
2 EL fein gehackter Schnittlauch
2 EL fein gehackter Dill
2 EL fein gehackter Kerbel
1 EL fein gehackter Estragon
Meersalz
frisch gemahlener weißer Pfeffer
20 entkernte schwarze Oliven

- Den **Tofu** kurz unter fließendem Wasser abbrausen, dann in ein Küchenhandtuch einschlagen und vorsichtig das überschüssige Wasser auspressen. In mundgerechte Würfel schneiden.
- Die Schalotte fein würfeln, den Knoblauch durchpressen und mit dem Rest der Zutaten zu einer Marinade verrühren.
- Den Tofu dazugeben, gut durchmischen und vier bis fünf Stunden im Kühlschrank ziehen lassen.
- Für den **Kartoffelsalat** die Kartoffeln als Pellkartoffeln in reichlich Salzwasser gar kochen, dann abgießen, abkühlen lassen und in Scheiben schneiden.
- Die Meerbohnen mit lauwarmem Wasser übergießen, zehn Minuten quellen und dann gut abtropfen lassen.
- Die Frühlingszwiebeln in dünne Ringe, die Tomaten in Spalten schneiden.
- Die Kapern grob hacken.
- Den Joghurt mit dem Leinöl, Essig und den Kräutern verrühren und mit Salz und Pfeffer abschmecken.
- Die Kartoffeln zusammen mit den Frühlingszwiebeln, der Tomate, den Kapern, den Meerbohnen und den Oliven in eine Salatschüssel geben.
- Den marinierten Tofu dazugeben und gut unterrühren.
- Die Joghurt-Salatsauce darüber verteilen und gut vermischen.

☐ Den Salat etwa 30 Minuten an einem kühlen Ort ziehen lassen und mit dunklem Roggenbrot und einem Glas Entre-deux-Mers oder einem weißen, trockenen Bordeaux servieren.

Meeres-Tartar
Tartare d'algues

10 EL getrockneter »Meeressalat« (Mischung aus Dulse, Nori, Meereslattich)
oder andere getrocknete Algen
1 große Schalotte
1 kleine Zwiebel
4 Cornichons
½ Bund Petersilie
2 EL mild eingelegte Kapern
5 EL Olivenöl
2 EL Sojasauce
2 EL Zitronensaft
Meersalz
frisch gemahlener schwarzer Pfeffer

- Die Algen in einem Sieb unter fließendem Wasser abbrausen und zehn Minuten in einem Topf in lauwarmem Wasser einweichen lassen.
- Einweichwasser wegschütten, erneut mit Wasser aufgießen und die Algen zum Kochen bringen. Einmal aufwallen lassen, dann vom Herd nehmen und fünf Minuten ziehen lassen.
- In ein Sieb geben und sehr gut abtropfen lassen. Die Algen dürfen kaum noch Kochwasser enthalten. Abkühlen lassen.
- In der Zwischenzeit die Schalotte, die Zwiebel und die Cornichons würfeln.
- Die Petersilie kurz abbrausen, trockentupfen und fein hacken.
- Die erkalteten Algen mit Schalotte, Zwiebel, Cornichons und Kapern vermischen und mit dem Stabmixer oder in der Küchenmaschine fein pürieren.
- Das Olivenöl, die Sojasauce, den Zitronensaft und die Petersilie unterrühren. Mit Salz und Pfeffer abschmecken.
- Mindestens zwei Stunden im Kühlschrank ziehen lassen.

☐ Auf frischem Toast mit einem gut gekühlten Entre-Deux-Mers oder einem Muscadet aus der Region von Nantes servieren.

Omelette mit Algen und Kräutern
Omelette aux algues et fines herbes

4 EL getrocknete Meerbohnen (Haricots de mer)
12 Eier
1 Knoblauchzehe
Meersalz
frisch gemahlener weißer Pfeffer
50 ml Sahne
4 EL fein gehackter Schnittlauch
4 EL fein gehackte Petersilie
4 EL fein gehackter Kerbel
2 EL fein gehackter Dill
1 EL Butter oder Rapsöl

- Die Meerbohnen mit lauwarmem Wasser übergießen und zehn Minuten quellen lassen. Abgießen und in mundgerechte Stücke schneiden.
- Die Eier schaumig schlagen und mit der durchgepressten Knoblauchzehe sowie Salz und Pfeffer herzhaft würzen.
- Dann die Sahne, die gehackten Kräuter und die Meerbohnen unterrühren.
- Die Butter in einer Pfanne erhitzen und die Eier-Kräuter-Masse hineingießen. Bei mittlerer Temperatur langsam stocken lassen.
- Auf einen großen Teller oder eine Servierplatte stürzen und sofort servieren.

Nachspeisen
Desserts

Bretonischer Pflaumen-Eierkuchen
Far breton

500 ml Wasser
2 TL schwarzer Tee
200 g Dörrpflaumen ohne Stein
6 EL Rum
  ersatzweise Rumaroma
4 Eier
100 g Roh-Rohrzucker
200 g Dinkelmehl (Type 630)
500 ml Milch
Butter für die Form
4 EL Puderzucker

- Das Wasser zum Kochen bringen und den Tee aufgießen, fünf Minuten ziehen lassen.
- Die Dörrpflaumen in eine Schüssel geben und mit dem Tee begießen, 30 Minuten quellen lassen.
- Die Pflaumen in ein Sieb geben und gut abtropfen lassen, zurück in die Schüssel füllen, mit dem Rum beträufeln und mindestens drei Stunden ziehen lassen.
- Die Eier mit dem Rohrzucker schaumig rühren, dann löffelweise das Mehl, danach die Milch hinzufügen, bis ein homogener, fast flüssiger Teig entsteht.
- Ein Drittel des Teigs in eine gefettete Auflaufform oder eine hohe Tarteform geben und im Backofen bei 200 °C etwa zehn Minuten backen, bis sich der Teig etwas gefestigt hat.

- Die Dörrpflaumen auf die Teigschicht geben und den Rest des Teigs darübergießen.
- Bei 180 °C etwa 50 Minuten backen, bis der Teig gestockt und die Oberfläche leicht gebräunt ist. Mit dem Puderzucker bestreuen und heiß oder lauwarm servieren.

☐ Tipp: Wenn keine Dörrpflaumen zur Hand sind, den Teig mit sechs Esslöffeln Rosinen, einer großen, in dünne Spalten geschnittenen Birne und nach Belieben mit einem Schuss Calvados anreichern.

Diesen weichen, mit Dörrpflaumen gefüllten Kuchen kann man heutzutage in der Bretagne in fast jeder Bäckerei kaufen. Früher wurde der Far Breton lediglich zu religiösen Festen oder Familienfesten genossen und nur mit Milch, Eiern, Mehl und Butter angerührt. Nach und nach haben sich die Dörrpflaumen und der Rum in das Rezept eingeschlichen. Vielleicht ist diese Entwicklung auf die wilden, zerklüfteten Küsten der Bretagne zurückzuführen, an denen zahlreiche Schiffe zerschellten und das eine oder andere Fass Rum angespült wurde …

Crêpes mit Erdbeer-Mandel-Füllung
Crêpes aux fraises et aux amandes

Für die Erdbeer-Mandel-Füllung:
100 g Mandeln
500 g Erdbeeren
5 EL Honig
3 EL Pastis (Anisschnaps)
ersatzweise Erdbeer- oder Grenadinesirup
und 1 – 2 MSP gemahlener Anis
100 ml Sahne
3 gestrichene TL Johannisbrotkernmehl

Für die Crêpes:
100 g Dinkelmehl (Type 630)
1 Prise Salz
50 g Puderzucker
1 Ei
100 ml Wasser
100 ml Milch
2 TL Orangenblütenextrakt
4 EL Butter
ein paar Blättchen Zitronenmelisse

- Für die **Füllung** die Mandeln mit kochend heißem Wasser überbrühen, ein paar Minuten ruhen lassen, abschrecken und enthäuten. In der trockenen Pfanne anbräunen, dann in der Küchenmaschine sehr fein zerkleinern.
- Die Erdbeeren waschen, putzen und vierteln. Etwa 100 g zur Dekoration beiseite legen.
- Die restlichen Erdbeeren mit dem Honig in der Küchenmaschine fein pürieren.
- Die Mandeln, den Pastis, die Sahne und das Johannisbrotkernmehl unter die Erdbeermasse ziehen und im Kühlschrank zwei Stunden ruhen lassen.

- Für die **Crêpes** das Dinkelmehl mit dem Salz und dem Zucker in einer Schüssel mischen.
- In der Mitte des Mehls eine Mulde ausformen und das Ei hineinschlagen. Mit dem Mehl gut vermischen, dann nach und nach zuerst das Wasser und dann die Milch einarbeiten, bis ein homogener, relativ flüssiger Teig entsteht.
- Zum Schluss den Orangenblütenextrakt unterrühren und den Teig eine Stunde ruhen lassen.
- Danach für jeden Crêpes einen Esslöffel Butter in der Pfanne zerlassen und zügig hintereinander vier dünne Crêpes ausbacken.
- Die heißen Crêpes mit der Erdbeer-Mandel-Masse füllen, mit den verbliebenen Erdbeeren und ein paar Blättchen Zitronenmelisse dekorieren und sofort servieren.

Beeren-Charlotte auf leichte Art
Charlotte aux fraises légères

500 g Erdbeeren oder andere Beeren (geputzt gewogen)
100 ml Erdbeer- oder anderer Beerensaft
150 g Puderzucker
etwas flüssiger Honig
etwa 30 Löffelbiskuits
4 EL Erdbeermarmelade oder Himbeergelee
500 g Fromac blanc (Fettgehaltstufe nach Wahl)
*   ersatzweise Speisequark*
150 ml Milch
½ Vanilleschote
1 ½ Päckchen Agar-Agar-Pulver (15 g)

ein großer, runder Servierteller mit glatter Oberfläche
den Rahmen einer Springform von 25 Zentimetern Durchmesser

■ Die Erdbeeren waschen, putzen und vierteln und in ein Sieb geben, so dass eventuell entstehender Saft ablaufen kann.

■ Den Beerensaft erhitzen und 100 g Puderzucker darin auflösen, so dass ein süßlicher Sirup entsteht.

■ Den Rahmen der Springform mittig auf den Servierteller legen. Auf dem Boden des Serviertellers am äußeren Rand des von der Springform gebildeten Kreises einen Honigstreifen von etwa einem Zentimeter Breite ziehen.

■ Die Löffelbiskuits um ein Drittel kürzen. Den längeren Teil der Biskuits mit der ungezuckerten Seite in den Beerensirup tunken und am Rand der Springform mit der gezuckerten Seite nach außen aufstellen. Der runde Rand der Biskuits zeigt dabei nach oben, das abgeschnittene Ende wird durch den Honig festgehalten.

■ Mit dem Rest der Biskuits, die vorher ebenfalls kurz in Sirup getaucht werden, den Boden dicht an dicht belegen. Auch hier zeigt die gezuckerte Seite nach außen.

■ Die Erdbeeren auf der Biskuitschicht verteilen und die Marmelade darüberstreichen.

- Den Fromage blanc mit dem restlichen Puderzucker verrühren.
- Die Milch in einem kleinen Topf erhitzen und die ausgekratzte halbe Vanilleschote einrühren. Wenn die Milch kocht, das Agar-Agar-Pulver einrieseln lassen und unter ständigem Rühren etwa zwei Minuten lang kochen. Die Milch danach sofort zu dem Fromage blanc geben und gründlich verrühren.
- Den Fromage blanc auf den Erdbeeren verteilen und glatt streichen.
- Die Charlotte mit Frischhaltefolie abdecken und mindestens vier Stunden im Kühlschrank ruhen lassen. Danach den Rahmen der Springform vorsichtig lösen und die Charlotte servieren.

Diese leichte, aber nicht minder köstliche Version der klassischen Charlotte erfreut sich insbesondere bei Kindern großer Beliebtheit. Da sich der Fettgehalt der Beeren-Charlotte in Grenzen hält, darf ruhig auch einmal doppelt genascht werden.
Essen keine Kinder mit, kann die Beeren-Charlotte durch die Zugabe von einem Schuss Himbeergeist *(eau-de-vie-de-framboise)* verfeinert werden.
Verwendet man eine echte, französische Charlotten-Form (die in Deutschland allerdings noch immer schwer zu beziehen ist), verringert sich die Zutatenmenge um etwa ein Drittel.

Elsässer Gugelhupf
Kougelhopf sucré

80 g Rosinen
1 Würfel frische Hefe (40 g)
200 ml lauwarme Milch
500 g Vollkorn-Dinkelmehl
1 TL Meersalz
100 g Roh-Rohrzucker
2 Eier
150 g weiche Butter
Butter für die Gugelhupf- oder Napfkuchenform
etwa 15 ganze, enthäutete Mandeln
8 EL Puderzucker
2 EL Rum
  ersatzweise 1 EL heißes Wasser und 1 EL Zitronensaft

- Die Rosinen mit heißem Wasser übergießen und quellen lassen.
- Die Hefe zerkrümeln und mit der Hälfte der Milch und sechs Esslöffeln von dem Vollkorn-Dinkelmehl verrühren. Den Vorteig an einem warmen Ort 30 Minuten gehen lassen, bis sich der Teig etwa verdoppelt hat.
- Nach Ende der ersten Gehzeit das Vollkorn-Dinkelmehl mit dem Salz und dem Zucker verrühren. In der Mitte eine Mulde ausformen und die Eier hineinschlagen. Die Eier mit dem Mehl verrühren, dann nach und nach die restliche Milch hinzufügen.
- Die Butter unterkneten und den Teig gut fünf Minuten weiterkneten, damit er schön luftig wird.
- Den Vorteig dazugeben und so lange weiterkneten, bis sich der Teig ohne Probleme von den Schüsselwänden und dem Boden löst. Den Teig mit einem Küchenhandtuch abdecken und an einem warmen Ort eine Stunde gehen lassen.
- Die Rosinen gut abtropfen lassen.
- Den Teig nochmals kurz durchkneten, dann die Rosinen einarbeiten.

- Eine Gugelhupfform, insbesondere die Rillen, gut ausfetten, dann in jede Mulde eine Mandel legen. Den Teig in die Form füllen, mit einem Küchenhandtuch abdecken und nochmals so lange gehen lassen, bis der Teig den Rand der Form erreicht.
- Den Gugelhupf im Backofen bei 200 °C etwa 40 bis 45 Minuten backen. Wenn die Oberfläche zu braun wird, den Gugelhupf mit Aluminiumfolie oder Backpapier abdecken.
- Den Gugelhupf nach Beendigung der Backzeit auf ein Kuchengitter stürzen und abkühlen lassen.
- Den Puderzucker mit dem Rum verrühren und den Gugelhupf mit dem Guss bestreichen.

☐ Wer möchte, darf den Gugelhupfteig noch mit einem Schnapsgläschen Elsässer Kirsch anreichen. Dann entsprechend weniger von der Milch verwenden.

Kirschauflauf aus dem Limousin
Clafoutis

500 g dunkle Süßkirschen
3 Eier
8 EL Puderzucker
1 MSP Salz
100 g Dinkelmehl (Type 630)
200 ml Milch
etwas Butter für die Auflaufform

- Die Süßkirschen waschen und entkernen.
- Die Eier mit vier Esslöffeln Puderzucker und dem Salz schaumig rühren, dann nach und nach das Dinkelmehl und die Milch unterrühren, so dass ein cremig-flüssiger Teig entsteht.
- Die Kirschen in eine gefettete Auflaufform geben und den Teig darüber gießen. Glatt streichen.
- Im Backofen bei 200 °C eine gute halbe Stunde backen, bis die Oberfläche leicht gebräunt ist. Nach dem Backen mit dem restlichen Puderzucker überstäuben und lauwarm oder kalt servieren.

Der Clafoutis lässt sich auch mit Äpfeln oder
Äpfeln und Birnen zubereiten:
2 große Äpfel (500 g)
*   oder 1 großer Apfel und 1 große Birne*
5 EL Rosinen
3 EL Rum oder Calvados
*   ersatzweise 3 EL sehr dunkler Waldhonig*
3 Eier
125 g Puderzucker
1 MSP Salz
100 g Dinkelmehl (Type 630)
250 ml Milch
etwas Butter für die Auflaufform
1 TL gemahlener Zimt
4 EL Puderzucker zum Bestäuben

- Die Äpfel schälen, entkernen und in Spalten schneiden.
- Die Rosinen im Rum ziehen lassen.
- Die Eier mit dem Puderzucker und dem Salz schaumig rühren, dann nach und nach das Dinkelmehl und zuletzt die Milch unterrühren, so dass ein cremig-flüssiger Teig entsteht.
- Die Äpfel in eine gefettete Auflaufform geben, die Rumrosinen darüber verteilen, mit dem Zimt bestäuben und den Teig darübergießen.
- Im Backofen bei 200 °C 30 Minuten backen und mit dem Puderzucker überstäuben.

Gratinierter Obstsalat mit Ziegenfrischkäse-Mousse
Gratins de fruits et mousse de chèvre frais

Für die Ziegenfrischkäse-Mousse:
200 ml Sahne
200 g Ziegenfrischkäse
120 g Puderzucker
Saft von 2 Zitronen
1 TL Zitronenschale
200 ml Milch
2 Päckchen Agar-Agar-Pulver (20 g)

Für den Obstsalat:
4 EL Pinienkerne
2 große Äpfel
2 große Birnen
2 große Bananen
Saft einer Zitrone
4 EL Puderzucker
1 EL Wasser
2 EL Butter
1 TL gemahlener Zimt
Butter für die Auflaufform
4 – 5 EL Roh-Rohrzucker

- Für die **Mousse** die Sahne steif schlagen.
- Den Ziegenfrischkäse mit dem Puderzucker, dem Zitronensaft und der Zitronenschale verrühren.
- Die Milch in einem kleinen Saucentopf zum Kochen bringen und das Agar-Agar-Pulver einrühren. Zwei Minuten unter ständigem Rühren kochen lassen und dann vom Herd nehmen. Knapp fünf Minuten abkühlen lassen.
- Die Sahne unter die Ziegenfrischkäsemasse ziehen.
- Die etwas abgekühlte Milch dazugeben.
- Die Mousse mindestens zwei Stunden kühl stellen.
- Für den **Obstsalat** die Pinienkerne in der trockenen Pfanne und unter häufigem Rühren rösten. Beiseite stellen.

- Die Äpfel und Birnen schälen, entkernen und in mundgerechte Würfel teilen.
- Die Bananen in Scheiben schneiden.
- Das Obst in eine Schüssel geben und mit dem Zitronensaft beträufeln.
- Den Puderzucker unter Zugabe des Wassers und der Butter in einer hochwandigen Pfanne zum Karamellisieren bringen. Das Obst hinzugeben und bei hoher Temperatur unter häufigem Rühren fünf Minuten anbräunen. Zum Schluss die gerösteten Pinienkerne und den Zimt unterrühren.
- Das Obst in eine gefettete Auflaufform geben, mit dem Rohrzucker bestreuen und im Backofen bei 200 °C Oberhitze oder Grill kurz karamellisieren. Darauf achten, dass der Zucker nur verläuft und braun wird, aber nicht verbrennt!
- Sofort mit der Ziegenfrischkäse-Mousse servieren.

Gestürzte Apfeltorte
Tarte façon Tatin

300 g Weizenvollkornmehl
1 MSP Salz
4 EL Rapsöl
180 ml Eiswasser
4 große, säuerliche Äpfel (am besten Boskop)
100 g Roh-Rohrzucker
4 – 6 EL Wasser
etwas Butter oder Öl für die Tarteform
2 EL Zitronensaft
6 EL Rosinen

■ Das Weizenvollkornmehl mit dem Salz in einer Schüssel vermischen und in der Mitte eine Mulde bilden. Zuerst das Rapsöl hineingießen und verrühren. Dann nach und nach das Wasser einarbeiten und so lange kneten, bis ein geschmeidiger Teig entsteht. Den Teig zu einer Kugel formen, in Frischhaltefolie einschlagen und 30 Minuten im Kühlschrank ruhen lassen.

■ Die Äpfel schälen, entkernen und in dünne Spalten schneiden.

■ Den Rohrzucker in einem mittelgroßen Topf mit dem Wasser zum Schmelzen bringen. Dabei ständig rühren, bis der Zucker sich komplett aufgelöst hat und karamellisiert. Die Äpfel dazugeben und bei hoher Temperatur gut fünf Minuten lang unter ständigem Rühren mit dem Karamell überziehen.

■ Die Tarteform mit Butter oder Öl ausstreichen. Die karamellisierten Apfelspalten auf dem Boden verteilen, mit dem Zitronensaft beträufeln und den Rosinen überstreuen.

■ Den Teig in der Größe der Tarteform ausrollen und auf die Äpfel legen. Ein paar Mal mit einer Gabel einstechen und gut am Rand der Tarteform andrücken.

■ Im Backofen bei 200 °C etwa 30 bis 35 Minuten backen, dann auf eine Servierplatte stürzen. Mit etwas Crème double servieren.

Marinierte Vanille-Erdbeeren
Fraises vanillées à l'huile d'olive

500 g kleine Erdbeeren
200 g Himbeeren oder Johannisbeeren
8 – 10 EL sehr mildes Olivenöl
1 Vanilleschote
1 unbehandelte Limette
50 g Puderzucker
ein paar Blättchen frische Minze

- Die Erdbeeren von ihren Stielen befreien, kurz abbrausen und gut abtropfen lassen.
- Die Himbeeren nur verlesen und mit feuchtem Küchenkrepp abtupfen.
- Das Olivenöl in einen kleinen Topf geben.
- Die Vanilleschote längs aufschlitzen und das Mark auskratzen. Zusammen mit dem Öl bei geringer Temperatur drei Minuten erwärmen (nicht kochen!). Beiseite stellen und ziehen lassen.
- Die Limette heiß abwaschen und abtrocknen, dann die Schale auf einer Reibe sehr fein schaben.
- Den Puderzucker durch ein Haarsieb streichen, mit der Limettenschale vermischen und über die Erdbeeren und Himbeeren geben. Mit ein paar Spritzern Limettensaft abrunden.
- Die Früchte auf vier Desserttellern verteilen, das Vanilleöl darüberträufeln, mit der Minze garnieren und sofort servieren.

Melonen-Halbgefrorenes mit Pineau des Charentes
Granite de melon au Pineau des Charentes

50 ml Wasser
100 g Roh-Rohrzucker
1 Vanilleschote
2 Zuckermelonen (insgesamt etwa 1 ½ kg)
(vorzugsweise Charentais-, Cavaillon- oder Cantaloup-Melonen)
100 ml Pineau des Charentes Rosé
  ersatzweise sehr süßer Traubensaft oder
eine Mischung aus Trauben- und Melonensaft
8 – 12 EL Pineau des Charentes
ein paar Blättchen frische Minze

- Das Wasser in einem kleinen Topf erhitzen. Sobald es kocht, den Zucker einrieseln lassen und gut verrühren.
- Die Vanilleschote auskratzen und ebenfalls einrühren. So lange rühren, bis der Zucker sich ganz aufgelöst hat. Vom Herd nehmen und etwas abkühlen lassen.
- Die Melonen halbieren und die Kerne und Fasern entfernen. In Scheiben schneiden, schälen und grob würfeln. In der Küchenmaschine sehr fein pürieren.
- Das Püree in eine frostbeständige Schale geben und den Zuckersirup und den Pineau des Charentes unterrühren.
- Im Eisfach oder in der Tiefkühltruhe gefrieren lassen. Dabei alle halbe Stunde die Masse von den Rändern der Schale mit einer Gabel umrühren. So lange wiederholen, bis das Püree fast gefroren, aber noch nicht ganz fest ist (etwa vier Stunden).
- Kurz vor dem Servieren nochmals umrühren und in vier hohe Dessertgläser füllen.
- Pro Portion mit zwei bis drei Esslöffeln Pineau des Charentes überträufeln, mit der Minze garnieren und sofort servieren.

Pfirsichdessert mit karamellisierten Mandeln und Fromage blanc
Pêches aux amandes caramelisées et au fromage blanc

500 g Fromage blanc (Fettgehalt nach Wahl)
ersatzweise Speisequark
Saft von 1 Zitrone
4 EL Puderzucker
4 reife Pfirsiche
4 EL Pfirsichlikör (Crème de pêche de vigne)
ersatzweise Pfirsich- oder Grenadinesirup
1 EL Butter
5 EL Roh-Rohrzucker
2 EL Wasser
80 g Mandelstifte
2 TL gemahlener Zimt

- Den Fromage blanc mit der Hälfte des Zitronensafts und dem Puderzucker verrühren.
- Von den Pfirsichen die Haut abziehen, entkernen und in dünne Spalten schneiden. Jeweils einen Pfirsich fächerförmig auf einem Dessertteller anordnen.
- Den Pfirsichlikör mit dem Rest des Zitronensafts verrühren und die Pfirsichspalten damit beträufeln.
- Die Butter in einem kleinen Topf zum Schmelzen bringen und den Zucker einrieseln lassen. Zum Kochen bringen, das Wasser hinzufügen und so lange rühren, bis der Zucker sich vollständig aufgelöst hat und die Masse anfängt zu karamellisieren.
- Die Mandelstifte dazugeben und gut vermischen, so dass alle Mandelstifte gut mit einer dünnen Karamellschicht überzogen sind.
- Die Mandelstifte auf den Pfirsichspalten verteilen.
- Den Fromage blanc auf die Mitte der Teller verteilen, jede Portion mit einen halben Teelöffel Zimt bestäuben und sofort servieren.

Saftige Zitronentörtchen
Citronniers

Für 12 Törtchen:
300 g Tofu (natur)
2 Bananen
3 unbehandelte Zitronen
100 g Roh-Rohrzucker
100 g Dinkelmehl (Type 630)
100 g Weizenvollkornmehl
1 Päckchen Backpulver
1 MSP Salz
100 ml Milch
Butter oder Margarine für die Törtchenformen

- Den Tofu kurz abbrausen, in ein Küchenhandtuch einschlagen und vorsichtig das überschüssige Wasser auspressen. Grob würfeln.
- Die Bananen in Scheiben schneiden.
- Die Schale von zwei Zitronen fein raspeln.
- Alle drei Zitronen auspressen und den Tofu zusammen mit dem Zitronensaft und den Bananen in der Küchenmaschine fein pürieren.
- Den Zucker dazugeben und nochmals pürieren.
- Das Mehl mit dem Backpulver und dem Salz mischen und unter die Tofumasse ziehen. Die fein geraspelte Zitronenschale dazugeben. Gründlich vermischen.
- Die Milch einrühren, so dass ein cremiger Teig entsteht.
- Zwölf Törtchen- oder Muffinformen mit etwas Butter oder Margarine einpinseln, den Teig gleichmäßig verteilen und die Törtchen im Backofen bei 180 °C etwa 45 Minuten backen.
- Aus den Formen stürzen, etwas abkühlen lassen und lauwarm oder kalt servieren.

Schokoladenschaumcreme
Mousse au chocolat noir

200 g Zartbitterschokolade
mit mindestens 70 % Kakaogehalt
6 EL Crème fraîche
6 Eiweiß (von frischen Eiern!)
2 MSP Salz
4 – 6 EL Puderzucker

- Die Schokolade im Wasserbad schmelzen und die Crème fraîche unterrühren.
- Eiweiß mit dem Salz sehr steif schlagen und den Puderzucker unterziehen.
- Die geschmolzene Schokolade vorsichtig unter den Eischnee mengen.
- Mindestens zwei Stunden im Kühlschrank ruhen lassen.

Schokoladencreme auf Tofubasis
Mousse au chocolat au tofu

200 g Zartbitterschokolade
250 g Seidentofu oder Tofu (natur)
8 EL Puderzucker
6 EL Kakaopulver
Milch oder Sojamilch
3 EL Rum (nach Belieben)

- Die Schokolade im Wasserbad schmelzen.
- Den Tofu (natur) kurz abbrausen, in ein Küchenhandtuch einschlagen und vorsichtig das überschüssige Wasser ausdrücken. Den Seidentofu nur abgießen und weiterverwenden.
- Den Tofu zusammen mit der geschmolzenen Schokolade in der Küchenmaschine sehr fein pürieren.
- Den Puderzucker und das Kakaopulver unterrühren. So viel Milch oder Sojamilch hinzufügen, bis die Masse cremig ist (hängt von der Konsistenz des Tofus ab).
- Falls gewünscht, den Rum unterrühren.
- Die Mousse in Dessertschalen füllen und mindestens zwei Stunden im Kühlschrank ruhen lassen.

Die traditionelle Mousse au Chocolat ist reich an Eiern sowie Butter und damit eine wahrhaftige Kalorien- und Cholesterinbombe. Aus diesem Grund verwendet die neue französische Küche eine »leichtere«, aber ebenso schmackhafte Version.
Interessant und nicht minder verführerisch ist die Schokoladencreme auf Tofubasis, die wieder einmal beweist, wie vielseitig und wandelbar Tofu sein kann.

Spekulatiuscreme mit Sauerkirschen und Kirschwasser
Crème glacée aux speculoos et au kirsch

1 Glas Sauerkirschen (350 g)
2 EL Kirsch Alsacien (Elsässer Kirschwasser)
250 g Spekulatius
250 ml Sahne
75 g Puderzucker
150 g Crème fraîche oder Crème double
1 TL gemahlener Zimt
etwas Raspelschokolade

■ Die Sauerkirschen gut abtropfen lassen, den Saft anderweitig verwenden.
■ Den Boden einer Dessertschüssel mit den Sauerkirschen auslegen und diese mit dem Kirsch beträufeln.
■ Die Spekulatius in einen Gefrierbeutel geben, mit einer Kunststoffklemme verschließen und so lange mit dem Nudelholz bearbeiten, bis die Plätzchen zerkrümelt sind.
■ Die Sahne steif schlagen.
■ Den Puderzucker mit der Crème fraîche verrühren. Sahne, Zimt und die Spekulatiuskrümel dazugeben und gut vermischen.
■ Die Sahnemischung über die Sauerkirschen streichen und über Nacht im Kühlschrank ziehen lassen.
■ Kurz vor dem Servieren mit etwas Raspelschokolade bestreuen.
■ Wahre Genießer gönnen sich zu der Spekulatiuscreme eine Tasse Kaffee sowie ein Gläschen Kirsch. *A votre santé!*

☐ Wer auf den Alkohol verzichten möchte, kann die Sauerkirschen mit etwas Vanillezucker und ein wenig von der Raspelschokolade bestreuen. Die Spekulatiuscreme ist ein adäquater Ersatz für die Bûche de Noël, eine Schokoladen-Biskuitrolle, die traditionell am 25. Dezember (La Reveillon) zum Dessert gereicht wird.

Vanillecreme mit knuspriger Karamellschicht
Crème brulée

Für 4 feuerfeste Portionsförmchen:
250 ml Milch
250 ml Sahne
½ Vanilleschote
4 – 5 Eigelb
100 g Puderzucker
8 TL Rohrzucker

- Die Milch und Sahne vermischen, die Vanilleschote auskratzen und zur Milch geben. Unter häufigem Rühren zum Kochen bringen.
- In der Zwischenzeit Eigelb mit dem Zucker verrühren.
- Sobald die Milch-Sahne-Mischung kocht, nach und nach das Eigelb einrühren. Das Eigelb muss sich vollkommen auflösen.
- Die Vanillecreme in die bereitgestellten Portionsförmchen füllen und diese im Backofen bei 125 °C im Wasserbad (!) 40 bis 50 Minuten stocken lassen. Die Oberfläche sollte zum Ende der Garzeit leicht fest geworden sein.
- Die Vanillecreme mindestens vier Stunden, am besten jedoch über Nacht, im Kühlschrank gut durchkühlen lassen.
- Vor dem Servieren den Backofen auf 250 °C Oberhitze (oder Grill) vorheizen.
- Auf jede Portion Vanillecreme zwei Teelöffel Rohrzucker streuen.
- Die Förmchen mit der Vanillecreme auf die oberste Schiene des Backofens geben und den Zucker karamellisieren lassen. Sobald der Zucker verläuft, die Vanillecreme aus dem Ofen nehmen.
- Sofort servieren.

Die Crème brulée gehört nicht erst seit dem Kinofilm »Die fabelhafte Welt der Amélie« zu den Standarddesserts in Frankreich. Zu Recht, denn kaum eine süße Versuchung liegt verlockender auf der Zunge als die warme Karamellschicht über der gut gekühlten Vanillecreme.

Walnusskuchen aus dem Périgord
Gâteau aux noix

250 g Walnusskerne
225 g Butter
· 200 g Semmelbrösel
Saft einer Zitrone
1 MSP gemahlene Nelken
4 EL Cognac oder Armagnac (nach Belieben)
6 Eier
250 g Roh-Rohrzucker
1 MSP Salz
etwas Butter für die Springform
10 EL Puderzucker
4 EL Cognac oder Armagnac
  ersatzweise 4 EL heißes Wasser oder schwarzer Tee

- Die Walnüsse in der Küchemaschine staubfein zerkleinern. Die Butter zum Schmelzen bringen.
- Die Walnüsse mit der Butter verrühren, dann die Semmelbrösel, den Zitronensaft, die gemahlene Nelke und den Cognac dazugeben und gut vermischen.
- Die Eier trennen.
- Eigelb mit dem Zucker verrühren, bis eine feingelbe Creme entsteht. Die Creme mit der Nussmasse vermengen.
- Eiweiß mit dem Salz sehr steif schlagen und unter die Nussmasse ziehen.
- Den Teig in eine gefettete Springform geben, glatt streichen und im Backofen bei 180 °C etwa 50 bis 55 Minuten backen.
- Auf ein Kuchengitter stürzen und auskühlen lassen.
- Den Puderzucker mit dem Cognac verrühren und den Guss auf der Kuchenoberfläche verteilen.

Menüs für alle Gelegenheiten

Die Tafelfreuden auf französische Art lassen sich noch steigern, wenn die einzelnen Rezepte in diesem Buch zu Menüs zusammengefasst werden. Die folgenden Vorschläge laden Sie dazu ein, die vielfältigen kulinarischen Regionen zu erschmecken. Von Nord nach Süd, von der Bretagne bis zur Provence, wurden regionaltypische Zutaten zu köstlichen Menükombinationen zusammengefasst. Zusätzlich werden Menüs für verschiedene Jahreszeiten und Gelegenheiten vorgestellt, so dass für den Sommer oder Winter, für das kleine Budget oder den festlichen Anlass Schlemmerfreuden à la française ausgewählt werden können. Selbstverständlich können alle Menüvorschläge beliebig verändert werden.

Soll eine größere Anzahl von Gästen bewirtet werden, lassen sich fast alle warmen und kalten Vorspeisen, Gemüsebeilagen und ein Teil der Dips und Saucen, ergänzt beispielsweise durch Gemüsesticks und Baguette, zu einem Büfett zusammenstellen. Eine Käseplatte mit französischen Käsespezialitäten sollte dabei nicht vergessen werden.

Wintermenü
Tartar aus Roter Bete mit angemachtem Ziegenkäse
Lauch-Kartoffel-Suppe mit Apfel-Confit
Linsenküchlein auf provenzalische Art mit Rosenkohl
Spekulatiuscreme mit Sauerkirschen und Kirschwasser

Sommermenü
Artischocken mit Vinaigrette
Tomatensoufflé
Grüner Spargel mit Eierhäcksel
Kirschauflauf aus dem Limousin

Schnelles Menü
Champignonfrikassee mit Sahne
Nudeln mit Fenchel-Blauschimmelkäse-Sauce
Gratinierter Obstsalat mit Ziegenfrischkäse-Mousse

◆

Preiswertes Menü
Bibbeleskäs nach Elsässer Art
Zucchinicremesuppe
Brotauflauf mit Brie
Gestürzte Apfeltorte

◆

Festliches Menü
Blattsalat mit geschmolzenem Ziegenkäse
Mehrfarbiges Schichtenomelette
Vegetarisches »Schneckenpfännchen« mit Kräuterbutter
Käsesoufflé
Vanillecreme mit knuspriger Karamellschicht

◆

Kleines Provenzalisches Menü
Kichererbsenmehlpfannkuchen aus Nizza
Gemüse-Bouillabaisse
Ratatouille-Tarte mit Knoblauchfrischkäse
Marinierte Vanille-Erdbeeren

◆

Großes Provenzalisches Menü
Verschiedene Tapenadesorten und Aïoli
mit Provenzalischem Minifladenbrot
Geeiste Melonensuppe
Omelette auf provenzalische Art
Gemüseeintopf aus Nizza
Pfirsichdessert mit karamellisierten Mandeln und Fromage blanc

◆

Südfranzösisches Menü
Auberginenkaviar
Südfranzösische Knoblauchsuppe
Provenzalischer Gemüseauflauf
Melonen-Halbgefrorenes mit Pineau des Charentes

Nordfranzösisches Menü
Chicoréecremesuppe aus der Picardie
Sauerkrautauflauf mit Cidre
Crêpes mit Erdbeer-Mandel-Füllung

Bretonisches Menü
Blumenkohlcremesuppe mit Algen und Frühlingskräutern
Buchweizenpfannkuchen mit Champignonfüllung
Bretonischer Pflaumen-Eierkuchen

Elsässer Menü
Flambierter Munsterkäse
Elsässer Flammkuchen
oder
Elsässer Rieslingkraut mit Nudeln
Elsässer Gugelhupf

Périgord-Menü
Linsenkaviar mit grünen Puy-Linsen
Maronencremesuppe mit Nusscroûtons
Maronen-Pflaumen-Gratin
Walnusskuchen

Meeres-Menü
Meeres-Tartar
Hafercremesuppe mit Dulse
Frischkäsetarte mit Algen
Schokoladenschaumcreme

Die Autorin

In den ersten Semestern ihres Lehramtsstudiums entwickelte Heike Kügler-Anger drei Leidenschaften, denen sie bis heute treu geblieben ist: Kochen, Reisen und Literatur.

Seit einem fünfjährigen Aufenthalt in der Grenzregion zum Elsass gilt ihre besondere Liebe Frankreich und seiner Küche. Auf ihren Reisen kreuz und quer durch alle Regionen Frankreichs sammelte sie vielfältige kulinarische Anregungen und Originalrezepte.

Seit einigen Jahren gibt Heike Kügler-Anger ihr Wissen und ihre Passion für das Kochen zudem in Kursen weiter.

Rezeptindex

Yashoda Aithal:
Vegetarisch kochen – indisch
ISBN: 3-89566-153-8

Koch / Teitge-Blaha:
**Vegetarisch kochen –
thailändisch**
ISBN: 3-89566-202-X

Gertrud Dimachki:
Vegetarisches aus 1001 Nacht
ISBN: 3-89566-169-4

Farsane Baraki:
**Vegetarisch kochen –
afghanisch**
ISBN: 3-89566-213-5

Köstliches aus der Körnerküche

Wolfgang Hertling:
Kochen mit Hirse
ISBN: 3-89566-164-3

Ute Rabe:
Dinkel und Grünkern
ISBN: 3-89566-189-9

Ute Rabe:
Man nehme: Keime …
ISBN: 3-89566-194-5

Christine Waßmann:
Köstliche Getreideküche
ISBN: 3-89566-171-6

Gesamtverzeichnis bei:
pala-verlag, Rheinstraße 35, 64283 Darmstadt, www.pala-verlag.de

ISBN-10: 3-89566-224-0
ISBN-13: 978-3-89566-224-9
© 2006: pala-verlag,
Rheinstr. 35, 64283 Darmstadt
www.pala-verlag.de

Alle Rechte vorbehalten
Umschlag- und Innenillustrationen: Margret Schneevoigt

Lektorat: Barbara Reis

Satz und Gestaltung: Verlag Die Werkstatt Göttingen
www.werkstatt-verlag.de

Druck: fgb • freiburger graphische betriebe
www.fgb.de
Printed in Germany

Dieses Buch ist auf Papier aus 100 % Recyclingmaterial gedruckt.